KB175845

동양북스 외국어

베스트 도서

700만 독자의 선택!

새로운 도서,
다양한 자료
동양북스
홈페이지에서
만나보세요!

www.dongyangbooks.com
m.dongyangbooks.com

※ 학습자료 및 MP3 제공 여부는 도서마다 상이하므로 확인 후 이용 바랍니다.

홈페이지 도서 자료실에서 학습자료 및 MP3 무료 다운로드

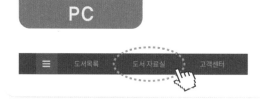

❶ 홈페이지 접속 후 도서 자료실 클릭
❷ 하단 검색 창에 검색어 입력
❸ MP3, 정답과 해설, 부가자료 등 첨부파일 다운로드
　* 원하는 자료가 없는 경우 '요청하기' 클릭!

* 반드시 '인터넷, Safari, Chrome' App을 이용하여 홈페이지에 접속해주세요. (네이버,
  다음 App 이용 시 첨부파일의 확장자명이 변경되어 저장되는 오류가 발생할 수 있습니다.)

❷ 도서 자료실 터치

❸ 하단 검색창에 검색어 입력
❹ MP3, 정답과 해설, 부가자료 등 첨부파일 다운로드
　* 압축 해제 방법은 '다운로드 Tip' 참고

프렌즈 일본어

강경자 정희순 유혜경 박영숙 강원주
스즈끼 미에 김영 하야시 요코 지음

2

동양북스

프렌즈 일본어 ②

초판 2쇄 | 2024년 9월 5일

지은이 | 강경자, 정희순, 유혜경, 박영숙, 스즈끼 미에, 김영, 하야시 요코
발행인 | 김태웅
책임 편집 | 길혜진, 이서인
디자인 | 남은혜, 김지혜
일러스트 | 조윤
마케팅 총괄 | 김철영
온라인 마케팅 | 김은진
제 작 | 현대순

발행처 | (주)동양북스
등 록 | 제 2014-000055호(2014년 2월 7일)
주 소 | 서울시 마포구 동교로22길 14 (04030)
구입 문의 | 전화 (02)337-1737 팩스 (02)334-6624
내용 문의 | 전화 (02)337-1762 dybooks2@gmail.com

ISBN 979-11-5768-670-4 14730
      979-11-5768-668-1 (세트)

© 강경자, 정희순, 유혜경, 박영숙, 강원주, 스즈끼 미에, 김영, 하야시 요코, 2020

▶ 본 책은 저작권법에 의해 보호를 받는 저작물이므로 무단 전재와 복제를 금합니다.
▶ 잘못된 책은 구입처에서 교환해드립니다.
▶ 도서출판 동양북스에서는 소중한 원고, 새로운 기획을 기다리고 있습니다.
  http://www.dongyangbooks.com

머리말

새로운 시대에 필요한 새로운 언어 감각!!
시대의 변화에 따라 변하는 것이 많이 있지만 무엇보다 민감한 변화는 우리들의 언어생활이라고 여겨집니다.

시대의 변화에 따라 사람들의 관심과 언어 표현은 끊임없이 변하며, 이러한 변화하는 시대 분위기 속에 뛰어난 외국어 실력을 갖춘다는 것은 그 시대의 아이콘이 되는 톡톡 튀는 표현을 유감없이 발휘할 수 있는 언어 감각을 가진다는 것일 것입니다. 이 교재는 이러한 문제의식 속에 집필되었습니다.

일반적으로 트렌디한 소재로 재미있게 전개되는 학습서는 지나치게 재미 위주로 편중되어 있어 학습서로는 부족하거나, 시험 대비를 위한 학습서는 너무 딱딱한 수험서 느낌의 책으로 집필되어서 재미있게 공부하며 시험 대비를 할 수 있는 책은 참으로 드문 것 같습니다.

어떻게 하면 재미있게 트렌디한 감각으로 실용 일본어를 배우되 문법과 어휘, 청취와 독해 능력까지 골고루 배양하여 시험 대비를 위한 실력까지 갖출 수 있는 교재를 제공해 줄 수 있을까? 하는 문제의식의 출발이 이 교재의 집필 동기라 할 수 있습니다.

이 교재는 톡톡 튀는 트렌디한 감각을 생생하고 현실감 넘치는 스토리를 통해 배우고, 꼼꼼하게 문법과 어휘, 청취 감각을 체크하는 시험 대비 코너도 갖추고 있어 재미와 실용성, 감각과 실력의 두 마리 토끼를 다 잡을 수 있습니다. 일본어를 배우는 자나 가르치는 자 모두에게 만족감을 주는 책이 될 것입니다.

아무쪼록 이 교재를 통해 일본어를 배우게 되는 모든 사람에게 누구보다도 뛰어난 일본어 감각과 실력을 배양하는 데 조금도 부족함이 없는 자그마한 도구로 쓰이길 소망합니다.

이 교재가 출간되기까지 최고의 교재를 위해 최선의 열정을 아낌없이 쏟아주신 동양북스 일본어기획팀 및 여러 관계자 여러분들께 깊은 감사를 드리며…….

저자 일동

이 책의 구성

도입

각 과에 대한 학습 목표와 각 과를 학습하는 데 있어 꼭 이해하고 습득해야 할 핵심 문장을 제시하여 학습 내용에 대한 이해를 명확하게 할 수 있도록 하였습니다.

만화 & 회화

캠퍼스 생활을 중심으로 한 회화 내용을 개성 넘치는 등장인물들을 통한 생생한 표현으로 구성하여 일본어 학습에 동기와 흥미를 유발할 수 있도록 하였습니다. 회화문에 들어가기 전에 회화문의 상황을 만화로 제시하여 부담 없이 일본어 학습을 시작할 수 있도록 하였습니다.

문법 표현

회화에서 나오는 주요 문법과 표현을 정리하여 제시하였습니다. 문법을 더욱 쉽게 이해할 수 있도록 패턴화하여 정리하였고, 예문 아래 바로 어휘의 뜻을 달아 학습의 편의를 극대화할 수 있도록 하였습니다.

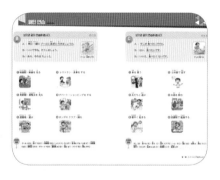

패턴 연습

본문에 나온 주요 문법을 중심으로 문형과 회화 연습을 할 수 있도록 구성하였습니다. 문법 표현에서 학습한 문법을 토대로 한 응용 연습을 통해 일본어의 기초를 탄탄히 다질 뿐 아니라 실제 회화 실력도 향상시킬 수 있도록 하였습니다.

베이직 테스트 & 작문

각 과의 주요 어휘와 청취 문제로, 어휘 문제에서는 촉음과 장음까지 의식하여 익힐 수 있도록 칸을 제시하였습니다. 청취 문제는 스토리식 듣기 평가로 전체적인 이야기를 듣고 이해하고 문제를 푸는 과정을 통해 일본어 실력이 향상될 수 있습니다. 작문에서는 각 과의 주요 문법과 표현을 중심으로 한 문장을 직접 쓰며 연습할 수 있도록 하였습니다.

어휘 늘리기

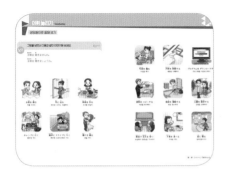

각 과에서 학습한 내용과 관련된 어휘를 그림과 함께 제시하였고, 제시한 어휘를 활용하여 더욱 심화된 회화 표현을 할 수 있도록 구성하였습니다. 재미있는 어휘 학습을 통해 더욱 실용적이고 풍부한 표현을 구사할 수 있도록 하였습니다.

레벨업 테스트

각 과에서 학습한 주요 어휘와 문형, 문장을 문제를 통해 다시 한번 확인할 수 있도록 하였습니다. 앞에서 배운 내용을 확실하게 다진 후에 다음 과로 넘어갈 수 있게 충분히 학습할 수 있도록 구성하였습니다.

★ 워크북 & 부록

각 과의 주요 어휘와 문장을 직접 쓰면서 연습할 수 있도록 워크북을 수록하였습니다. 부록에서는 각 과의 회화문 해석, 패턴 연습과 테스트의 정답 및 청취 스크립트와 스크립트 해석을 수록하였습니다.

★ 음성 녹음 MP3 음원

회화문뿐만 아니라 문법 표현의 예문, 패턴 연습과 어휘 늘리기까지 본문의 내용을 충분히 담은 MP3 음원을 통해 듣기 훈련도 충분히 할 수 있도록 하였습니다.

목차

이 책의 학습 구성표

unit	과 제목	학습 목표	문법 및 표현
第1課 だい か	コンサートに 行きません。い 콘서트에 가지 않겠습니까?	권유형과 소원형 익히기	01 ～ませんか ～(하)지 않겠습니까? 02 ～ましょう ～합시다 03 ～ましょうか ～할까요? 04 ～に ～에, ～(하)러 05 ～(ます형)たい ～(하)고 싶다 06 ～(ます형)たく ない ～(하)고 싶지 않다
第2課 だい か	ちょっと 助けて ください。たす 좀 도와주세요.	동사의 て형 활용 및 부탁, 순서와 관련된 표현 익히기	01 동사의 て형 02 [동사]て ～하고, ～해서 03 [동사]て/[동사]て ください ～해 줘/～해 주세요 04 [동사]てから ～(하)고 나서
第3課 だい か	何を 見て なに いますか。 무엇을 보고 있습니까?	진행 및 상태 표현과 각 품사의 과거형 익히기	01 ～て いる / ～て います 　～(하)고 있다 / ～(하)고 있습니다 02 ～て みる ～해 보다 (시도) 03 (동사의 ます형)ながら ～하면서 (동시 동작) 04 각 품사의 た형(과거형)
第4課 だい が	ロシアに 行った い ことが ありますか。 러시아에 간 적이 있습니까?	경험과 가정, 나열 표현 익히기	01 [동사た형]+ ことが あります/ありません 　～한 적이 있습니다/없습니다 02 ～たり ～たり します ～(하)거나 ～(하)거나 합니다 03 ～たら ～(하)면
第5課 だい か	だれにも 話しては はな いけません。 아무에게도 이야기 해서는 안 됩니다.	허가, 금지, 선택 표현 익히기	01 ～ても いいです/～ても かまいません 　～해도 좋습니다, ～해도 상관없습니다, 　～해도 개의치 않습니다 02 ～ては いけません / だめです ～해서는 안 됩니다 03 각 품사의 부정형(ない형) 04 [동사]ないで ください ～(하)지 말아 주세요 05 [동사]ない 方ほうが いい(です) 　～하지 않는 편이 좋다(좋습니다) 06 [동사]た 方ほうが いい(です) 　～하는 편이 좋다(좋습니다)

unit	과 제목	학습 목표	문법 및 표현
第6課 だい か	アルバイトしなくても いいですか。 아르바이트 안 해도 됩니까?	의무 및 불필요, 가정과 목적 관련 표현 익히기	01 ～なくても いい(です) ～하지 않아도 된다(됩니다) 02 ～なければ ならない(なりません) ～하지 않으면 안 된다(안 됩니다) 03 ～と ～(하)면 04 ～ために / ～ための～ ～위해서 / ～위한
第7課 だい か	勉強を 続けようと 思って います。べんきょう つづ おも 공부를 계속하려고 생각하고 있습니다.	의지형 및 추측 표현	01 의지, 예정 표현 02 의지형 활용 03 ～だろう / ～でしょう ～(이)겠지 / ～(이)겠지요
第8課 だい か	先輩なら 良く やれる はずです。せんぱい よ 선배님이라면 잘 해낼 수 있을 것입니다.	가능형과 조건형 가정 및 추측 표현 익히기	01 가능 표현 02 ～なら ～한다면, ～(이)라면 (조건형 가정) 03 ～そうだ ～처럼 보인다, ～인 것 같다 (양태, 추측) 04 ～はず (분명, 틀림없이) ～것임/터임 (강한 추측)
第9課 だい か	もう 一度 説明 して あげますね。いち ど せつめい 한 번 더 설명해 줄게요.	수수동사 표현 익히기	01 수수 동사 02 수수 보조동사 03 복합어 (동사의 ます형 + 접미어) 04 [동사]ないで ～(하)지 않고, ～(하)지 말고
第10課 だい か	全然 眠れなかった ようでした。ぜんぜん ねむ 전혀 잠을 못 잔 것 같았습니다.	전문(전언), 추측 표현 익히기	01 ～そうだ ～라고 한다 (전문, 전언) 02 ～ようだ ～인 것 같다 (주관적 느낌에 기초한 추측) 03 ～ような / ～ように ～같은 / ～처럼 04 ～らしい ～인 것 같다 (객관적 근거나 소문, 소식통에 기초한 추측)
第11課 だい か	夢が 叶われたんですね。ゆめ かな 꿈이 이루어진 거군요.	수동형과 사역형, 사역의 수동형 익히기	01 수동형 02 일반 수동 03 피해 수동 04 사역형 (남이) ～하게 하다 05 사역 수동형 (남이 시켜서 억지로) ～하게 되다, 마지못해 ～하다

등장인물 소개

이준수(イ・ジュンス)

한국인 남자.
일본 OO대학 유학생.
경영학과 4학년. 26세. 혈액형 A형.
어학 연수 포함 일본 거주 경험 5년.
현 유학생회 회장 및 멘토.
성실하고 섬세한 성격.

왕아려(ワン・アリョ)

중국인 여자.
일본 OO대학 유학생 1학년.
20세. 혈액형 O형.
중국 유명 호텔 회장의 외동딸.
밝고 씩씩하고 따뜻한 성격.

나카무라 미카(中村美香)

일본인 여자.
일본 OO대학 일본어 교수. 38세.
현 유학생회 지도 교수.
학생들과 친구처럼 지내는
친근한 이미지.

나타샤 알렉산드라
(ナターシャ・アレクサンドラ)

러시아인 여자.
일본 OO대학 교환 학생 2학년.
21세. 혈액형 AB형.
국제 정치에 관심이 많은 학구파로,
냉철하고 이지적인 완벽주의자.

응우엔 마인
(グエン・マイン)

베트남인 남자.
일본 OO대학 국비장학생.
경영학과 3학년. 23세. 혈액형 B형.
공부, 운동, 어학 등 다방면에
출중한 완벽남. 자신만만한 성격으로
살짝 자기중심적.

コンサートに 行^いきませんか。

콘서트에 가지 않겠습니까?

학습 목표

권유형과 소원형 익히기

핵심 문장

コンサートに 行^いきませんか。
콘서트에 가지 않겠습니까?

次^{つぎ}の 機会^{きかい}に 行^いきましょう。
다음 기회에 갑시다.

本当^{ほんとう}に 行^いきたいです。
정말로 가고 싶습니다.

회화 Dialogue

アリヨ 　先輩、来週の 土曜日 コンサートに 行きませんか。

ジュンス 　コンサート?

アリヨ 　はい、有名な K-pop 歌手の コンサートです。

ジュンス 　すごいね。

　　　　コンサートの 場所は? 何時から?

アリヨ 　東京ドームで 午後 7時からです。

ジュンス 　午後 7時? やばい。

　　　　本当に 行きたいけど、アルバイトが…。

アリヨ 　そうですか。残念ですね。

　　　　じゃ、次の 機会に 一緒に 行きましょう。

ジュンス 　悪いね。ごめん。じゃ、次の 機会にね。

단어와 표현

先輩 선배 | 来週 다음 주 | 土曜日 토요일 | コンサート 콘서트 | 行く 가다 | ～ませんか ~지 않겠습니까? | 有名な 유명한 | 歌手 가수 | すごい 굉장하다 | 場所 장소 | 何時 몇 시 | ～から ~부터 | 午後 오후 | やばい 곤란하다 | 本当 정말로 | ～たい ~고 싶다 | ～けど ~지만 | アルバイト 아르바이트 | 残念だ 섭섭하다, 아쉽다 | 次 다음 | 機会 기회 | 一緒に 함께 | 悪い 나쁘다, 미안하다 | ごめん 미안해

문법 표현 Expression

01 　～ませんか　～(하)지 않겠습니까?

> ちょっと 歩き　　　　ませんか。
> 　잠깐　　歩(ある)く 걷다
>
> 少し 休み
> 　조금　　休(やす)む 쉬다
>
> お茶でも し
> 　차　　　する 하다

02 　～ましょう　～합시다

> 一生懸命 勉強し　　　ましょう。
> 　열심히　　공부
>
> もう 少し 頑張り
> 　조금 더　　頑張(がんば)る 분발하다, 힘내다
>
> 一緒に 遊び
> 　함께　　遊(あそ)ぶ 놀다

03 　～ましょうか　～할까요?

> 一緒に 講義を 聞き　　　ましょうか。
> 　강의　　聞(き)く 듣다
>
> そろそろ 帰り
> 　슬슬　　帰(かえ)る 돌아가다
>
> 散歩し
> 　산책

04 　〜に 〜에, 〜(하)러

① 위치, 장소

図書館 도서관	に	行きませんか。
公園 공원		行きませんか。
映画館 영화관		行きませんか。

② 목적

(1) (동작성)명사 + に

ドライブ 드라이브	に	行きませんか。
スキー 스키		行きませんか。
食事 식사		行きませんか。

(2) 동사의 ます형 + に

先輩に 会い 会(あ)う 만나다	に	行きます。
映画を 見 영화　見(み)る 보다		行きます。
図書館に 本を 借り 책　借(か)りる 빌리다		来ました。

문법 표현 Expression

05　　～(ます형)たい　～(하)고 싶다

<table>
<tr><td>
<ruby>友達<rt>ともだち</rt></ruby>と <ruby>遊<rt>あそ</rt></ruby>び
친구　　　遊(あそ)ぶ 놀다
</td><td rowspan="3">たい</td><td>です。</td></tr>
<tr><td>
<ruby>少<rt>すこ</rt></ruby>し <ruby>休<rt>やす</rt></ruby>み
조금　　休(やす)む 쉬다
</td><td>です。</td></tr>
<tr><td>
いい <ruby>会社<rt>かいしゃ</rt></ruby>に <ruby>就職<rt>しゅうしょく</rt></ruby>し
　　　회사　　　취직
</td><td>です。</td></tr>
</table>

06　　～(ます형)たく ない　～(하)고 싶지 않다

<table>
<tr><td>
<ruby>何<rt>なに</rt></ruby>も <ruby>食<rt>た</rt></ruby>べ
아무것도 食(た)べる 먹다
</td><td rowspan="3">たく ない</td><td>です。</td></tr>
<tr><td>
お<ruby>酒<rt>さけ</rt></ruby>は <ruby>飲<rt>の</rt></ruby>み
술　　　飲(の)む 마시다
</td><td>です。</td></tr>
<tr><td>
<ruby>結婚<rt>けっこん</rt></ruby>し
결혼
</td><td>です。</td></tr>
</table>

보기와 같이 연습해 봅시다.  01-03

A
보기

A : 今週の 土曜日 ショッピングに 行きませんか。

B₁：いいですね。そうしましょう。

B₂：あの、それは ちょっと。

ショッピング

❶ 旅行

❷ ゴルフ

❸ 山登り

❹ ハイキング

❺ スキー

❻ ドライブ

단어와
표현

今週 이번 주 | **ショッピング** 쇼핑 | **旅行** 여행 | **ゴルフ** 골프 | **山登り** 등산 | **ハイキング** 하이킹 |

スキー 스키 | **ドライブ** 드라이브

B 보기

보기와 같이 연습해 봅시다. 🎧 01-04

Ａ : 明日 一緒に プールに 泳ぎに 行きましょうか。

B₁ : いいですね。そうしましょう。

B₂ : あの、それは ちょっと。

プール・泳ぎに 行く

❶ 映画館・映画を 見る

❷ レストラン・食事を する

❸ 美術館・展覧会を 見る

❹ デパート・ショッピングを する

❺ 遊園地・遊ぶ

❻ ホンデの クラブ・踊る

단어와 표현

プール 수영장 | 泳ぐ 헤엄치다 | 映画館 영화관 | レストラン 레스토랑 | 食事を する 식사를 하다 | 美術館 미술관 | 展覧会 전람회 | デパート 백화점 | 遊園地 놀이동산 | 遊ぶ 놀다 | クラブ 클럽 | 踊る 춤추다

C 보기와 같이 연습해 봅시다.

01-05

A : すしが 食べたいですか。

B₁ : はい、食べたいです。

B₂ : いいえ、食べたく ないです。

すしを 食べる

① 車を 買う

② 日本語で 話す

③ 友だちと 遊ぶ

④ お酒を 飲む

⑤ 朝早く 起きる

⑥ 図書館で 勉強する

단어와 표현

すし 초밥 | 食べる 먹다 | 買う 사다 | 話す 이야기하다 | ～と ~와/과 | 遊ぶ 놀다 | お酒 술 | 飲む 마시다 | 朝早く 아침 일찍 | 起きる 일어나다 | 図書館 도서관 | 勉強 공부

01 다음 한자를 히라가나로 써 보세요.

보기

先生 ⇨ | せ | ん | せ | い |

❶ 就職 　 | | | | | |

❷ 映画館 　 | | | | |

❸ 講義 　 | | |

❹ 一生懸命 　 | | | | | | | | |

❺ 勉強 　 | | | | |

02 다음 대화를 잘 듣고, 질문에 답해 보세요.　🎧 01-06

❶ 아려와 나타샤는 내일 무엇을 합니까?

　① 공부　　② 운동　　③ 산책　　④ 영화감상

❷ 아려와 나타샤는 어디에서 만납니까?

　① 학교 앞　② 도서관 앞　③ 지하철 앞　④ 버스정류장 앞

❸ 아려와 나타샤는 몇 시에 만나기로 했습니까?

　① 오후 4시　② 오후 5시　③ 오후 6시　④ 오후 7시

작문 Writing

01 다음 문장을 일본어로 써 보세요.

❶ 조금 쉬지 않겠습니까?

＿＿＿＿＿＿＿＿＿＿＿＿＿＿＿＿＿＿＿＿＿＿＿＿＿＿＿＿

＿＿＿＿＿＿＿＿＿＿＿＿＿＿＿＿＿＿＿＿＿＿＿＿＿＿＿＿

❷ 드라이브하러 가지 않겠습니까?

＿＿＿＿＿＿＿＿＿＿＿＿＿＿＿＿＿＿＿＿＿＿＿＿＿＿＿＿

＿＿＿＿＿＿＿＿＿＿＿＿＿＿＿＿＿＿＿＿＿＿＿＿＿＿＿＿

❸ 슬슬 돌아갑시다.

＿＿＿＿＿＿＿＿＿＿＿＿＿＿＿＿＿＿＿＿＿＿＿＿＿＿＿＿

＿＿＿＿＿＿＿＿＿＿＿＿＿＿＿＿＿＿＿＿＿＿＿＿＿＿＿＿

❹ 친구를 만나러 갑니다.

＿＿＿＿＿＿＿＿＿＿＿＿＿＿＿＿＿＿＿＿＿＿＿＿＿＿＿＿

＿＿＿＿＿＿＿＿＿＿＿＿＿＿＿＿＿＿＿＿＿＿＿＿＿＿＿＿

❺ 취직하고 싶습니다.

＿＿＿＿＿＿＿＿＿＿＿＿＿＿＿＿＿＿＿＿＿＿＿＿＿＿＿＿

＿＿＿＿＿＿＿＿＿＿＿＿＿＿＿＿＿＿＿＿＿＿＿＿＿＿＿＿

권유형으로 말해 보기

> 그림을 보면서 다음과 같이 이야기해 보세요. 🎧 01-07
>
> **보기**
>
> おんがく き
> 音楽を 聞きませんか。
>
> おんがく き
> 音楽を 聞きましょうか。

お茶を 飲む
차를 마시다

外に 出る
밖으로 나가다, 외출하다

料理を 作る
요리를 만들다

キャンプに 行く
캠프에 가다

海岸に ドライブに 行く
해안에 드라이브하러 가다

踊りを 踊る
춤을 추다

写真を 撮る
사진을 찍다

内容を 削除する
내용을 삭제하다

プログラムを ダウンロードする
프로그램을 다운로드하다

資料を コピーする
자료를 복사하다

部屋を 掃除する
방을 청소하다

公園を 散歩する
공원을 산책하다

教室で 先生を 待つ
교실에서 선생님을 기다리다

夕食を 食べる
저녁을 먹다

家に 帰る
집에 돌아가다

레벨업 테스트 Level Up Test

01 다음 한자를 읽고 그 뜻을 써 보세요.

보기

先輩 ⇨ せんぱい 선배

① 場所　------------------------------

② 残念だ　------------------------------

③ 機会　------------------------------

④ 散歩　------------------------------

⑤ 結婚　------------------------------

02 밑줄 친 부분에 해당하는 어휘, 표현을 쓰세요.

① コンビニに 行き<u>지 않겠습니까</u>?
　------------------------------

② 日本語の 勉強し<u>합시다</u>.
　------------------------------

③ 一緒に 音楽を 聞き<u>할까요</u>?
　------------------------------

④ おいしい ラーメンが 食べ<u>고 싶습니다</u>.
　------------------------------

03 다음 문장을 일본어로 써 보세요.

① 식사하러 가지 않겠습니까?
　------------------------------

② 함께 공부할까요?
　------------------------------

③ 친구와 놀고 싶습니다.

ちょっと <ruby>助<rt>たす</rt></ruby>けて ください。

좀 도와주세요.

학습 목표

동사의 て형 활용 및 부탁, 순서와 관련된 표현 익히기

핵심 문장

ちょっと <ruby>助<rt>たす</rt></ruby>けて ください。
좀 도와주세요.

この アイコンを クリックして、<ruby>設定<rt>せってい</rt></ruby>します。
이 아이콘을 클릭해서 설정합니다.

<ruby>少<rt>すこ</rt></ruby>し <ruby>休<rt>やす</rt></ruby>んでから <ruby>宿題<rt>しゅくだい</rt></ruby>を します。
잠깐 쉬고 나서 숙제를 하겠습니다.

회화 Dialogue

アリヨ　先輩、ちょっと 助けて ください。

ジュンス　どうしたの？

アリヨ　来週、プレゼンテーションが ありますが、パワーポイントで
レポートを 作成するのが…。

ジュンス　PPTの プレゼン 資料? わりと 簡単だよ。

アリヨ　ここに アニメーション 効果を つけるのが 難しくて…。

ジュンス　あ〜、これね。まず、この アイコンを クリックして、
アニメーションを 設定して…。

アリヨ　難しくて、全然 分かりません。

ジュンス　仕方ないね。この 部分だけ 僕が…。

アリヨ　ありがとうございます。じゃ、私は 少し 休んでから…。

단어와 표현

ちょっと 좀 | 助ける 돕다 | 〜て ください ~해 주세요 | 来週 다음 주 | プレゼンテーション 프레젠테이션 | あります 있습니다 | 〜が ~만 | パワーポイント 파워포인트 | 〜で ~로 | レポート 리포트 | 作成 작성 | の 것 | プレゼン 「プレゼンテーション(프레젠테이션)」의 준말 | 資料 자료 | わりと 의외로, 비교적 | 簡単だ 간단하다 | アニメーション 애니메이션 | 効果を つける 효과를 넣다, 효과를 내다 | 難しい 어렵다 | まず 우선 | アイコン 아이콘 | クリック 클릭 | 設定 설정 | 全然 전혀 | 分かる 알다 | 仕方ない 어쩔 수 없다 | 部分 부분 | 〜だけ ~만 | 少し 조금 | 休む 쉬다

문법 표현 Expression

01 동사의 て형

① 1그룹 동사의 て형

	기본형	て형
～く(ぐ) → ～いて(いで)	書く 쓰다 泳ぐ 헤엄치다	書いて 쓰고, 써서 泳いで 헤엄치고, 헤엄쳐서
～う、～つ、～る → ～って	会う 만나다 待つ 기다리다 降る (눈, 비가) 내리다	会って 만나고, 만나서 待って 기다리고, 기다려서 降って 내리고, 내려서
～ぬ、～ぶ、～む → ～んで	死ぬ 죽다 遊ぶ 놀다 飲む 마시다	死んで 죽고, 죽어서 遊んで 놀고, 놀아서 飲んで 마시고, 마셔서
～す → ～して	話す 이야기하다	話して 이야기하고, 이야기해서
※ 예외	行く 가다	行って 가고, 가서

② 2그룹 동사의 て형

	기본형	て형
어간 + て	見る 보다 起きる 일어나다 食べる 먹다 寝る 자다	見て 보고, 봐서 起きて 일어나고, 일어나서 食べて 먹고, 먹어서 寝て 자고, 자서

③ 3그룹 동사의 て형

기본형	て형
来る 오다	来て 오고, 와서
する 하다	して 하고, 해서

02　동사 て ～하고, ～해서

メールを 書いて 友達に 送ります。
메일　書(か)く 쓰다　　送(おく)る 보내다

アプリを ダウロードして 利用します。
어플　　다운로드　　　이용

パスワードを 入力して ログインします。
패스워드　　입력　　　로그인

문법 표현 Expression

03　동사 て / 동사 て ください　~해 줘/~해 주세요

① 반말 부탁 표현 : ~해 줘

> ちょっと 待っ　　　　て。
> 　　잠깐　　待(ま)つ 기다리다
>
> 後で 電話し
> 나중에　전화

② 정중한 부탁 : ~해 주세요

> お名前と 住所を 書い　　　　て ください。
> 　성함　　　주소　　　書(か)く 쓰다
>
> 電話番号を 教え
> 전화번호　　　教(おし)える 가르치다
>
> 今すぐ 来
> 지금　곧　来(く)る 오다

04　동사 てから　~(하)고 나서

良く 聞いてから 答えます。
잘　聞(き)く 듣다　答(こた)える 대답하다

コーヒーを 飲んでから 勉強を 始めます。
　　　　飲(の)む 마시다　　　　　始(はじ)める 시작하다

A 보기

보기와 같이 연습해 봅시다. 🎧 02-03

バスに 乗^のって 学校^{がっこう}に 行^いきます。

バスに 乗^のる・学校^{がっこう}に 行^いく

❶ 友^{とも}だちに 会^あう・話^{はなし}を する

❷ 話^{はなし}を よく 聞^きく・答^{こた}える

❸ 朝早^{あさはや}く 起^おきる・ジョギングを する

❹ クリックする・ファイルを 開^あける

단어와 표현

バスに 乗^のる 버스를 타다 | 会^あう 만나다 | 話^{はなし}を する 이야기를 하다 | よく 聞^きく 잘 듣다 | 答^{こた}える 대답하다 | 朝早^{あさはや}く 아침 일찍 | 起^おきる 일어나다 | ジョギングを する 조깅을 하다 | クリックする 클릭하다 | ファイル 파일 | 開^あける 열다

B
보기

보기와 같이 연습해 봅시다.　　　　　　　　🎧 02-04

<u>日本語で 話して ください。</u>

日本語で 話す

❶ 少し 待つ

❷ メールを 送る

❸ こちらを 見る

❹ アプリを ダウンロードする

❺ 資料を コピーする

❻ 早く 来る

 단어와
표현

話す 이야기하다 | 少し 조금 | 待つ 기다리다 | 送る 보내다 | こちら 이쪽 | アプリ 앱 | ダウンロード する 다운로드하다 | 資料 자료 | コピーする 복사하다 | 早く 빨리 | 来る 오다

32

C 보기

보기와 같이 연습해 봅시다.

🎧 02-05

_{わたし}私は _{かお}顔を _{あら}洗ってから _は歯を _{みが}磨きます。

_{かお あら}顔を 洗う・_{は みが}歯を 磨く

❶ シャワーを _あ浴びる・_{かみ あら}髪を 洗う

❷ _{はん た}ご飯を 食べる・_{みず の}お水を 飲む

❸ _{しゅくだい}宿題を する・_{すこ やす}少し 休む

❹ ラーメンの スープを _い入れる・めんを _い入れる

단어와
표현

_{かお あら}顔を 洗う 얼굴을 씻다 | _{は みが}歯を 磨く 이를 닦다 | シャワーを _あ浴びる 샤워를 하다 | _{かみ}髪 머리(카락) | _{はん た}ご飯を 食べる 밥을 먹다 | _{みず の}お水を 飲む 물을 마시다 | _{しゅくだい}宿題 숙제 | _{やす}休む 쉬다 | ラーメン 라면 | スープ 스프 | _い入れる 넣다 | めん 면

01 다음 한자를 히라가나로 써 보세요.

보기

先生 ⇨ | せ | ん | せ | い |

❶ 効果 | | | |

❷ 住所 | | | | | |

❸ 利用 | | |

❹ 入力 | | | | | |

❺ 答える | | | |

02 다음 대화를 잘 듣고, 질문에 답해 보세요.　🎧 02-06

❶ 준수 선배는 아침 몇 시에 일어납니까?

　① 5시　　② 6시　　③ 7시　　④ 8시

❷ 준수 선배는 아침에 일어나서 제일 먼저 무엇을 합니까?

　① 세수　　② 샤워　　③ 운동　　④ 공부

❸ 준수 선배는 아침밥을 어디에서 먹습니까?

　① 집　　② 편의점　　③ 학교　　④ 식당

01 다음 문장을 일본어로 써 보세요.

① 성함과 주소를 써 주세요.

② 전화번호를 가르쳐 주세요.

③ 일본어로 이야기해 주세요.

④ 커피를 마시고 나서 공부를 시작합니다.

⑤ 잘 듣고 나서 대답합니다.

상대방과 다른 순서로 말해 보기

보기

그림을 보면서 다음과 같이 이야기해 보세요. 🎧 02-07

A : 私は 歯を 磨いてから 顔を 洗います。

B : そうですか。私は 顔を 洗ってから 歯を 磨きます。

歯を 磨く
이를 닦다

顔を 洗う
얼굴을 씻다

コーヒーを 飲む
커피를 마시다

仕事を 始める
일을 시작하다

運動する
운동하다

シャワーを 浴びる
샤워를 하다

宿題を する
숙제를 하다

友だちと 遊ぶ
친구와 놀다

ご飯を 食べる
밥을 먹다

お茶を 飲む
차를 마시다

テレビを 見る
텔레비전을 보다

掃除を する
청소를 하다

図書館で 勉強する
도서관에서 공부하다

サークル活動する
동아리 활동하다

料理を 作る
요리를 만들다

01 다음 한자를 읽고 그 뜻을 써 보세요.

보기

先輩 ⇨ せんぱい 선배

① 助ける --

② 作成 --

③ 資料 --

④ 設定 --

⑤ 部分 --

02 밑줄 친 부분에 해당하는 어휘, 표현을 쓰세요.

① 電話番号を 가르쳐 주세요. --

② 今すぐ 電話해 주세요. --

③ 掃除を 하고 나서 宿題を します. --

④ 説明を 듣고 나서 質問を します. --

03 다음 문장을 일본어로 써 보세요.

① 로그인해서 메일을 읽습니다. --

② 자료를 작성해 주세요. --

③ 저의 이야기를 듣고 나서 질문해 주세요. --

だい か
第 3 課

なに　　　み
何を 見て いますか。

무엇을 보고 있습니까?

학습 목표

진행 및 상태 표현과 각 품사의 과거형 익히기

핵심 문장

なに
何を して いますか。

무엇을 하고 있습니까?

み　　　　　　　　　　　　　　　の
ドラマを 見ながら コーヒーを 飲みます。

드라마를 보면서 커피를 마십니다.

とうきょう　　　い
東京に 行って みたかったです。

도쿄에 가 보고 싶었습니다.

富士山

회화 Dialogue

ナターシャ 何見て いるの?

アリヨ 箱根の 観光案内 サイト。

ナターシャ 箱根?

アリヨ 日本に いる 間、ぜひ 一度 行って みたくて。

富士山を 眺めながら 露天風呂を 楽しむの。

ナターシャ 富士山 ビューの 露天風呂!!

きゃ!! 考えただけで どきどきする。

アリヨ 今度の 冬休みに 一緒に 行きましょう。

伝統的な 旅館で 浴衣を 着て、おいしい 料理 食べながら

写真も 撮って…。

ナターシャ いいね。前から 日本の 温泉に 行って みたかったの。

단어와 표현

何 무엇 | 見る 보다 | 箱根 하코네 | 観光 관광 | 案内 안내 | サイト 사이트 | 間 동안 | ぜひ 부디, 꼭 | 一度 한번 | 行く 가다 | ～て みる ~해 보다 | 眺める 바라보다, 조망하다 | ～ながら ~하면서 | 露天風呂 노천 온천 | 楽しむ 즐기다 | ビュー 뷰 | 考える 생각하다 | ～だけ ~만(한정) | どきどき 두근두근 | 今度 이번 | 冬休み 겨울 방학 | 一緒に 함께, 같이 | ～ましょう ~합시다 | 伝統的だ 전통적이다 | 旅館 여관 | ～で ~에서(장소) | 浴衣 유카타 | 着る 입다 | おいしい 맛있다 | 料理 요리 | 食べる 먹다 | 写真 사진 | ～も ~도 | 撮る 찍다 | 前から 예전부터 | 温泉 온천

문법 표현 Expression

01 ～て いる / ～て います ~(하)고 있다 / ~(하)고 있습니다

① 동작의 진행

| 発表の 準備を し
발표　준비

資料を 検索し
자료　검색 | て いる。 |

| 図書館で 勉強し
도서관　공부

映画を 見
영화 | て います。 |

② 착용, 자세, 직업, 거주 등의 상태

| 眼鏡を かけ
안경　かける (안경을)쓰다

ドアの 前に 立っ
문　앞　立(た)つ 서다

父は 銀行に 勤め
아버지　은행　勤(つと)める 근무하다 | て います。 |

| 東京に 住ん
도쿄　住(す)む 살다 | で います。 |

42

③ 날씨, 사물의 상태

> 雨が 降っ
> 비　降(ふ)る 내리다

> 風が 吹い
> 바람　吹(ふ)く 불다

> ドアが 開い
> 문　開(あ)く 열다

て います。

02　～て みる ~해 보다 (시도)

① ～て みる ~해 보다

> ゆかたを 着
> 유카타　着(き)る 입다

> 日本の 家庭料理を 作っ
> 일본　가정 요리　作(つく)る 만들다

> 動画を 製作し
> 동영상　제작

て みました。

② ～て みたい ~해 보고 싶다

> ぜひ 一度 会っ
> 꼭　한번　会(あ)う 만나다

て みたい。

> 富士山に 登っ
> 후지산　登(のぼ)る 오르다

> ネイティブと 日本語で 話し
> 네이티브　일본어　話(はな)す 이야기하다

て みたいです。

문법 표현 Expression

03 동사의 ます형 ながら ~하면서 (동시 동작)

ドラマを 見 드라마	ながら

ご飯を 食べます。
밥　食(た)べる 먹다

踊りを 踊ります。
춤　踊(おど)る 춤추다

歌を 歌い
노래　歌(うた)う (노래를)부르다

音楽を 聞き
음악

勉強します。
공부

04 각 품사의 た형(과거형)

① 동사의 た형(과거형)

(1) 1그룹 동사

	기본형	た형
~く(ぐ) → ~いた(いだ)	書く 쓰다 泳ぐ 헤엄치다	書いた 썼다 泳いだ 헤엄쳤다
~う、~つ、~る → ~った	会う 만나다 待つ 기다리다 降る (눈, 비가) 내리다	会った 만났다 待った 기다렸다 降った 내렸다
~ぬ、~ぶ、~む → ~んだ	死ぬ 죽다 遊ぶ 놀다 飲む 마시다	死んだ 죽었다 遊んだ 놀았다 飲んだ 마셨다
~す → ~した	話す 이야기하다	話した 이야기했다
※ 예외	行く 가다	行った 갔다

⑵ 2그룹 동사

	기본형	た형
어간 + た	見る 보다 起きる 일어나다 食べる 먹다 寝る 자다	見た 봤다 起きた 일어났다 食べた 먹었다 寝た 잤다

⑶ 3그룹 동사 (불규칙 동사)

기본형	た형
来る 오다	来た 왔다
する 하다	した 했다

友達に メールを 送った。
ともだち　　　　　　　　おく
　　　　　　　 메일　　送(おく)る 보내다

今朝は 早く 起きた。
けさ　　はや　お
오늘 아침　일찍　起(お)きる 일어나다

夜遅くまで、宿題を した。
よるおそ　　　　しゅくだい
밤늦게　　　　　　숙제

문법 표현 Expression

② い형용사의 た형(과거형)

	기본형	た형
い형용사의 어미를 변환 い → かった	易^{やさ}しい 쉽다 暑^{あつ}い 덥다 寒^{さむ}い 춥다 忙^{いそが}しい 바쁘다	易^{やさ}しかった 쉬웠다 暑^{あつ}かった 더웠다 寒^{さむ}かった 추웠다 忙^{いそが}しかった 바빴다

ドラマは 面白^{おもしろ}かった。
드라마　　面白(おもしろ)い 재미있다

試験^{し けん}の 問題^{もんだい}は 難^{むずか}しかった。
시험　　　문제　　難(むずか)しい 어렵다

料理^{りょう り}は とても おいしかった。
요리　　　아주　　おいしい 맛있다

＊「いい(좋다)」의 과거형은 「良^よかった(좋았다)」, 과거부정형은 「良^よく なかった(좋지 않다)」
　가 된다.

③ な형용사(형용동사)의 た형(과거형)

	기본형	た형
な형용사의 어미를 변환 だ → だった	残念^{ざんねん}だ 유감스럽다 真面目^{ま じ め}だ 성실하다 大変^{たいへん}だ 힘들다	残念^{ざんねん}だった 유감스러워웠다 真面目^{ま じ め}だった 성실했다 大変^{たいへん}だった 힘들었다

昔^{むかし}は 賑^{にぎ}やかだった。
옛날　　賑(にぎ)やかだ 변화하다, 번잡하다

交通^{こうつう}は 便利^{べん り}だった。
교통　　　便利(べんり)だ 편리하다

店員^{てんいん}は 親切^{しんせつ}だった。
점원　　　親切(しんせつ)だ 친절하다

A
보기

보기와 같이 연습해 봅시다.

🎧 03-03

A : 今^{いま}何^{なに}を して いますか。

B : 音楽^{おんがく}を 聞^きいて います。

音楽^{おんがく}を 聞^きく

❶ 料理^{りょうり}を 作^{つく}る

❷ コーヒーを 飲^のむ

❸ 映画^{えいが}を 見^みる

❹ 宿題^{しゅくだい}を する

단어와
표현

今^{いま} 지금 | 何^{なに} 무엇 | 音楽^{おんがく}を 聞^きく 음악을 듣다 | 料理^{りょうり}を 作^{つく}る 요리를 만들다 | コーヒーを 飲^のむ 커피를 마시다 |
映画^{えいが}を 見^みる 영화를 보다 | 宿題^{しゅくだい}を する 숙제를 하다

B
보기

보기와 같이 연습해 봅시다. 🎧 03-04

A : 行って みますか。

B : はい、一度 行って みたいです。

行く

❶ 乗る

❷ 作る

❸ 着る

❹ 食べる

❺ やる

❻ 履く

단어와
표현 　行く 가다 | 一度 한번 | 乗る 타다 | 作る 만들다 | 着る 입다 | 食べる 먹다 | やる 하다 | 履く 신다

C 보기

보기와 같이 연습해 봅시다.　　　　　　　　🎧 03-05

A : 旅行は どうでしたか。

B : とても 楽しかったです。

旅行・楽しい

❶ 料理・おいしい

❷ 天気・いい

❸ 交通・便利だ

❹ ホテル・きれいだ

단어와
표현

旅行 여행 ┃ とても 아주, 매우 ┃ 楽しい 즐겁다 ┃ 料理 요리 ┃ おいしい 맛있다 ┃ 天気 날씨 ┃ いい 좋다 ┃
交通 교통 ┃ 便利だ 편리하다 ┃ ホテル 호텔 ┃ きれいだ 깨끗하다, 예쁘다

01 다음 한자를 히라가나로 써 보세요.

보기

先生 ⇨ | せ | ん | せ | い |

❶ 写真 | | | | |

❷ 観光 | | | | |

❸ 案内 | | | | |

❹ 旅館 | | | | |

❺ 料理 | | | | |

02 다음 대화를 잘 듣고, 질문에 답해 보세요. 🎧 03-06

❶ 마인은 지금 어디에 있습니까?

① 공원　　　② 교실　　　③ 도서관　　　④ 영화관

❷ 마인은 무엇을 하고 있습니까?

① 요리　　　② 시험공부　　　③ 운동　　　④ 게임

❸ 준수는 오랜만에 무엇을 하였습니까?

① 아르바이트　② 공부　　　③ 요리　　　④ 데이트

작문 Writing

01 다음 문장을 일본어로 써 보세요.

❶ 도서관에서 공부하고 있습니다.

----

❷ 서울에 살고 있습니다.

----

❸ 일본어로 이야기해 보고 싶습니다.

----

❹ 커피를 마시면서 케이크를 먹습니다.

----

❺ 여행은 즐거웠습니다.

어휘 늘리기 Vocabulary

가족 이야기

> **보기**
>
> 그림을 보면서 다음과 같이 이야기해 보세요. 🎧 03-07
>
> A：この 方^{かた}は ご主人^{しゅじん}ですか。
>
> B：はい、夫^{おっと}です。銀行^{ぎんこう}に 勤^{つと}めて います。

ご主人 しゅじん 남편분	夫 おっと 남편	銀行に 勤める ぎんこう つと 은행에 근무하다	銀行員 ぎんこういん 은행원
奥さん おく 부인	妻 つま 아내	高校に 勤める こうこう つと 고등학교에 근무하다	教師 きょうし 교사
息子さん むすこ 아드님	息子 むすこ 아들	小学校に 通う しょうがっこう かよ 초등학교에 다니다	小学生 しょうがくせい 초등학생
娘さん むすめ 따님	娘 むすめ 딸	幼稚園に 通う ようちえん かよ 유치원에 다니다	幼稚園児 ようちえんじ 유치원생

お父<ruby>とう</ruby>さん 아버님	父<ruby>ちち</ruby> 아버지	運送会社<ruby>うんそうがいしゃ</ruby>に 勤<ruby>つと</ruby>める 운송회사에 근무하다	部長<ruby>ぶちょう</ruby> 부장
お母<ruby>かあ</ruby>さん 어머님	母<ruby>はは</ruby> 어머니	病院<ruby>びょういん</ruby>に 勤<ruby>つと</ruby>める 병원에 근무하다	看護師<ruby>かんごし</ruby> 간호사
お兄<ruby>にい</ruby>さん 형님, 오빠	兄<ruby>あに</ruby> 형, 오빠	貿易会社<ruby>ぼうえきがいしゃ</ruby>に 勤<ruby>つと</ruby>める 무역회사에 근무하다	課長<ruby>かちょう</ruby> 과장
お姉<ruby>ねえ</ruby>さん 누님, 언니	姉<ruby>あね</ruby> 누나, 언니	旅行会社<ruby>りょこうがいしゃ</ruby>に 勤<ruby>つと</ruby>める 여행사에 근무하다	ガイド 가이드
弟<ruby>おとうと</ruby> さん 남동생분	弟<ruby>おとうと</ruby> 남동생	研究所<ruby>けんきゅうじょ</ruby>に 勤<ruby>つと</ruby>める 연구소에 근무하다	研究員<ruby>けんきゅういん</ruby> 연구원
妹<ruby>いもうと</ruby> さん 여동생분	妹<ruby>いもうと</ruby> 여동생	大学<ruby>だいがく</ruby>に 通<ruby>かよ</ruby>う 대학에 다니다	大学生<ruby>だいがくせい</ruby> 대학생

레벨업 테스트 Level Up Test

01 다음 한자를 읽고 그 뜻을 써 보세요.

보기

先輩 ⇨ せんぱい 선배

① 冬休み _ _ _ _ _ _ _ _ _ _ _ _ _ _ _ _ _

② 温泉 _ _ _ _ _ _ _ _ _ _ _ _ _ _ _ _ _

③ 伝統的だ _ _ _ _ _ _ _ _ _ _ _ _ _ _

④ 一緒に _ _ _ _ _ _ _ _ _ _ _ _ _ _ _

⑤ 楽しむ _ _ _ _ _ _ _ _ _ _ _ _ _ _ _

02 밑줄 친 부분에 해당하는 어휘, 표현을 쓰세요.

① ドラマを 見^み고 있습니다. _ _ _ _ _ _ _ _ _

② 一度^{いちど} 食べ^た해 보고 싶습니다. _ _ _ _ _ _

③ 音楽^{おんがく}を 聞き^き하면서 踊り^{おど}を 踊り^{おど}ます。 _ _ _ _ _ _

④ 試験^{しけん}は とても 어려웠다です。 _ _ _ _ _ _ _

03 다음 문장을 일본어로 써 보세요.

① 지금 무엇을 하고 있습니까? _ _ _ _ _ _ _ _ _ _ _ _

② 일본에 가 보고 싶습니다. _ _ _ _ _ _ _ _ _ _ _ _

③ 음악을 들으면서 숙제를 합니다. _ _ _ _ _ _ _

54

ロシアに 行った ことが ありますか。

러시아에 간 적이 있습니까?

학습 목표

경험과 가정, 나열 표현 익히기

핵심 문장

ロシアに 行った ことが ありますか。

러시아에 간 적이 있습니까?

おんがく き ほん よ
音楽を 聞いたり、本を 読んだり します。

음악을 듣거나 책을 읽거나 합니다.

とうきょう き わたし あんない
東京に 来たら、私が 案内します。

도쿄에 오면, 제가 안내하겠습니다.

회화 Dialogue

ナターシャ　アリョは ロシアに 行った ことが ある？

アリョ　はい、去年 家族と 一緒に モスクワに 行って 来ました。

ナターシャ　旅行は どうだった？　何を したの？

アリョ　アルバート通りを 歩きながら ショッピングをしたり、有名な 聖堂や

博物館を 見学したり…。本当に 楽しかったです。

マイン　ナターシャは ベトナムに 行った ことが ある？

ナターシャ　行って みたかったけど、機会が ありませんでした。

マイン　じゃ、もし 今度 ベトナムに 来たら、僕が 案内するね。

ナターシャ　ありがとうございます！（どき!!）

단어와 표현

ロシア 러시아 | ～た ことが ある ~한 적이 있다 | 去年 작년 | 家族 가족 | ～と ~와/과 | 一緒に 함께 | モスクワ 모스크바 | 行って 来る 다녀오다 | 旅行 여행 | 通り 거리 | 歩く 걷다 | ～ながら ~하면서(동시동작) | ショッピング 쇼핑 | ～たり ~하거나, ~하기도 하고 | 有名な 유명한 | 聖堂 성당 | ～や ~랑 | 博物館 박물관 | 見学 견학 | 本当に 정말로 | 楽しい 즐겁다 | ～て みたい ~해 보고 싶다 | 機会 기회 | もし 만약 | 今度 이번 | ベトナム 베트남 | 来る 오다 | ～たら ~면 | 僕 나, 내(남자 1인칭) | 案内 안내 | どき 두근, 심쿵

문법 표현 Expression

01 　동사 た형 ＋ ことが あります/ありません

　　　　　　　　　　　　　　　~한 적이 있습니다/없습니다

> かいがいりょこう　い
> 海外旅行に 行った
> 　해외여행
>
> ち か てつ　さい ふ　わす
> 地下鉄で 財布を 忘れた
> 　지하철　　지갑　　忘(わす)れる 잊고 두고 가(오)다

ことが あります。

> たから　あ
> 宝くじに 当たった
> 　복권　　当(あ)たる 당첨되다
>
> じゅぎょう　おく
> 授業に 遅れた
> 　수업　　遅(おく)れる 늦다

ことが ありません。

02 　～たり ～たり します　~(하)거나 ~(하)거나 합니다

① 동사

やま　のぼ　うみ　およ
山に 登ったり、海で 泳いだり します。
　　登(のぼ)る 오르다　　泳(およ)ぐ 헤엄치다

ほん　よ　おんがく　き
本を 読んだり、音楽を 聞いたり します。
　　読(よ)む 읽다　　　　聞(き)く 듣다

み　な　わら
ドラマを 見ながら 泣いたり、笑ったり します。
　　　　　　　泣(な)く 울다　　笑(わら)う 웃다

② い형용사

えいが　　　　　　　　　おもしろ
映画の ストーリーは 面白かったり、つまらなかったり します。
つまらない 재미없다

じゅぎょう　ふんいき　よ　　　　　　　　　わる
授業の 雰囲気は 良かったり、悪かったり します。
분위기　　　　　　　悪(わる)い 나쁘다

③ な형용사

がくせい　　たいど　　まじめ　　　　　　ふまじめ
学生の 態度は 真面目だったり、不真面目だったり します。
태도　　　真面目(まじめ)だ 성실하다 不真面目(ふまじめ)だ 불성실하다

みせ　　てんいん　しんせつ　　　　　　ふしんせつ
あの 店の 店員は 親切だったり、不親切だったり します。
점원　　　親切(しんせつ)だ 친절하다 不親切(ふしんせつ)だ 불친절하다

④ 명사

ひる
お昼の メニューは トンカツだったり、ラーメンだったり します。
점심　　　메뉴　　　돈가츠　　　　　　　　　라면

こうつうしゅだん　　　　　　　　ち か てつ
交通手段は バスだったり、地下鉄だったり します。
교통수단　　　버스　　　　　　지하철

문법 표현 Expression

03 　～たら　～(하)면

① 동사 た형＋ら

授業が 終わったら、遊びに 行きましょう。

日本に 着いたら、連絡ください。
着(つ)く 도착하다　연락

気に なる ことが あったら、いつでも 相談して ください。
마음에 걸리다, 걱정이 되다　　　　　　　　　상담

② い형용사 た형＋ら

良かったら、一緒に 行きましょうか。

気分が 悪かったら、少し 横に なって ください。
横(よこ)に なる 눕다, 자다

③ な형용사 た형＋ら

暇だったら、ちょっと 手伝って ください。
手伝(てつだ)う 돕다

心配だったら、電話して みて ください。

④ 명사＋だったら

この 話が うそだったら どうしますか。
거짓말

橋本 先生だったら そうしなかったでしょう。

A
보기

보기와 같이 연습해 봅시다.

🎧 04-03

A : 日本に 行った ことが ありますか。

B₁ : はい、行った ことが あります。

B₂ : いいえ、行った ことが ありません。

日本に 行く

❶ 日本語で 手紙を 書く

❷ 日本の 料理を 作る

❸ ご両親に うそを つく

❹ コンビニで アルバイトを する

단어와
표현

手紙 편지 | **書く** 쓰다 | **料理** 요리 | **作る** 만들다 | **ご両親** 양친, 부모님 | **うそを つく** 거짓말을 하다 |

コンビニ 편의점 | **アルバイト** 아르바이트

B 보기

보기와 같이 연습해 봅시다. 🎧 04-04

A : 暇な とき 何を しますか。

B : ゲームを したり、

インターネットを したり します。

ゲームを する・インターネットを する

❶ 映画を 見る・友だちに 会う

❷ コンサートに 行く・ドライブに 行く

❸ 音楽を 聞く・本を 読む

❹ 掃除を する・洗濯を する

단어와 표현

暇だ 한가하다 | とき 때 | ゲーム 게임 | インターネット 인터넷 | 映画 영화 | 見る 보다 | 会う 만나다 | コンサート 콘서트 | ドライブ 드라이브 | 音楽 음악 | 聞く 듣다 | 本 책 | 読む 읽다 | 掃除 청소 | 洗濯 세탁

C 보기

보기와 같이 연습해 봅시다.

🎧 04-05

_{じゅぎょう} _お _{がっかじむしつ} _き
授業が 終わったら、学科事務室に 来て ください。

_{じゅぎょう} _お _{がっかじむしつ} _く
授業が 終わる・学科事務室に 来る

❶ スケジュールが 決_きまる・連絡_{れんらく}する

❷ 映画_{えいが}が 始_{はじ}まる・話_{はな}さない

❸ 日本_{にほん}に 着_つく・電話_{でんわ}する

❹ よく 分_わからない・質問_{しつもん}する

단어와
표현

授業_{じゅぎょう} 수업 | 終_おわる 끝나다 | 学科事務室_{がっかじむしつ} 학과 사무실 | スケジュール 스케줄 | 決_きまる 정해지다 | 連絡_{れんらく}する 연락하다 | 始_{はじ}まる 시작하다 | 着_つく 도착하다 | 分_わからない 모르다 | 質問_{しつもん}する 질문하다

베이직 테스트 Basic Test

01 다음 한자를 히라가나로 써 보세요.

보기

先生 ⇨ | せ | ん | せ | い |

❶ 去年 ☐ ☐ ☐ ☐

❷ 家族 ☐ ☐ ☐

❸ 旅行 ☐ ☐ ☐ ☐

❹ 聖堂 ☐ ☐ ☐ ☐

❺ 博物館 ☐ ☐ ☐ ☐ ☐ ☐

02 다음 대화를 잘 듣고, 질문에 답해 보세요.

🎧 04-06

❶ 아려는 누구와 함께 언제 하노이에 갔습니까?

① 작년 가족　　② 작년 선배　　③ 2년 전 친구　　④ 2년 전 혼자서

❷ 아려가 본 하노이의 인상은 어땠나요?

① 즐거웠다　　② 재미있었다　　③ 멋있었다　　④ 번화했다

❸ 날씨는 어땠나요?

① 항상 맑음　　② 항상 비가 옴　③ 가끔 비　　④ 가끔 바람

01 다음 문장을 일본어로 써 보세요.

1 일본에 간 적이 있습니다.

---

2 일본어로 말하거나 영어로 말하거나 합니다.

---

3 영화를 보거나 음악을 듣거나 합니다.

---

4 수업이 끝나면 전화해 주세요.

---

5 시험이 끝나면 놀러 갑시다.

어휘 늘리기 Vocabulary

경험의 유무 말해 보기

🎧 04-07

보기

그림을 보면서 다음과 같이 이야기해 보세요.

A : 日本に 遊びに 行った ことが ありますか。

B₁：はい、行った ことが あります。

B₂：いいえ、行った ことが ありません。

日本に 遊びに 行く
일본에 놀러 가다

日本人の 友だちを 作る
일본인 친구를 만들다

日本の ドラマを 見る
일본 드라마를 보다

日本の アニメを 見る
일본 애니메이션을 보다

日本人と チャットする
일본인과 채팅하다

日本語で ツイッターを する
일본어로 트위터를 하다

日本語の 動画講義を 聞く
일본어 동영상 강의를 듣다

日本の 小説を 読む
일본 소설을 읽다

日本語で 日記を つける
일본어로 일기를 쓰다

日本語で メールを 書く
일본어로 메일을 쓰다

日本語で メモする
일본어로 메모하다

日本語で 電話する
일본어로 전화하다

日本語で 考える
일본어로 생각하다

日本の ニュースを 聞く
일본 뉴스를 듣다

日本の 雑誌を 見る
일본 잡지를 보다

01 다음 한자를 읽고 그 뜻을 써 보세요.

보기

先輩 ⇨ せんぱい 선배

① 機会 _____ _____

② 見学 _____ _____

③ 映画 _____ _____

④ 態度 _____ _____

⑤ 案内 _____ _____

02 밑줄 친 부분에 해당하는 어휘, 표현을 쓰세요.

① 大阪^{おおさか}に <u>간 적이 있습니까</u>?

② 音楽^{おんがく}を <u>듣거나</u> コーヒーを <u>마시거나</u> します.

③ 今度^{こんど} ソウルに <u>오면</u>、僕^{ぼく}が 案内^{あんない}します.

④ <u>가 보고 싶었지만</u>、機会^{きかい}が ありませんでした.

03 다음 문장을 일본어로 써 보세요.

① 중국에 간 적이 있습니까?

② 도서관에서 공부를 하거나 숙제를 하거나 합니다.

③ 기회가 있다면 만나 보고 싶습니다.

だれにも 話しては いけません。
아무에게도 이야기해서는 안 됩니다.

학습 목표

허가, 금지, 선택 표현 익히기

핵심 문장

日本語で 話しても いいですか。
일본어로 이야기해도 됩니까?

ここで タバコを 吸っては いけません。
여기에서 담배를 피우면 안 됩니다.

欠席しない 方が いいです。
결석하지 않는 편이 좋습니다.

회화 Dialogue

ナターシャ　マインには 話しても いい？ 話した 方が いいと 思うよ。

アリョ　だめだめ。絶対 だめですよ。だれにも 話しては いけません。

ナターシャ　はい、はい。分かりました。だれにも 話しません。

マイン　何の 話?

アリョ　いゃ、何でも ないです。

ナターシャ　そうそう。気に しないで ください。

マイン　分かった。この 前の テストの 成績の ことだろう？

アリョ　そうなんです。だれにも 話さないで くださいね。

　　（ナターシャにも 話さない 方が よかったなあ～。）

단어와 표현

話す 말하다, 이야기하다 | **〜ても いい** ~해도 된다 | **〜た 方が いい** ~하는 편이 좋다 | **だめだ** 안 된다 |
絶対 절대 | **だれにも** 누구에게도 | **〜ては いけません** ~해서는 안 됩니다 | **分かる** 알다 | **何でも** 아무것도 |
気に する 신경쓰다 | **〜ないで ください** ~하지 마세요 | **この 前** 요전 | **成績** 성적 | **〜ない 方が いい** ~하지
않는 편이 좋다

05-02

문법 표현 Expression

01 ～ても いいです／～ても かまいません

~해도 좋습니다, ~해도 상관없습니다, ~해도 개의치 않습니다

① 동사 て활용형 + ても いいです／ても かまいません

全部 食べ
ぜんぶ　た
전부　食(た)べる 먹다

この 席に 座っ
せき　　すわ
이　자리　座(すわ)る 앉다

ても いいです。

パソコンを 使っ
つか
컴퓨터　　使(つか)う 사용하다

ボールペンで 書い
か
볼펜　　書(か)く 쓰다

ても かまいません。

② い형용사 て활용형 + ても いいです／ても かまいません

駅が 遠く
えき　とお
역　遠(とお)い 멀다

ちょっと 辛く
から
조금　辛(から)い 맵다

ても いいです。

部屋が 狭く
へ や　せま
방　狭(せま)い 좁다

少し 暑く
すこ　あつ
조금　暑(あつ)い 덥다

ても かまいません。

③ な형용사 어간 + でも いいです / でも かまいません

歌が 下手 $\quad$ でも いいです。
<ruby>歌<rt>うた</rt></ruby>が <ruby>下手<rt>へ た</rt></ruby>
노래　下手(へた)だ 못하다, 재주가 없다

<ruby>料理<rt>りょう り</rt></ruby>が <ruby>苦手<rt>にが て</rt></ruby>
요리　苦手(にがて)だ 못하다

<ruby>交通<rt>こうつう</rt></ruby>が <ruby>不便<rt>ふ べん</rt></ruby> $\quad$ でも かまいません。
교통　不便(ふべん)だ 불편하다

<ruby>店員<rt>てんいん</rt></ruby>が <ruby>不親切<rt>ふ しんせつ</rt></ruby>
점원　不親切(ふしんせつ)だ 불친절하다

④ 명사 + でも いいです / でも かまいません

<ruby>留学生<rt>りゅうがくせい</rt></ruby> $\quad$ でも いいです。
유학생

<ruby>中古車<rt>ちゅう こ しゃ</rt></ruby>
중고차

<ruby>難<rt>むずか</rt></ruby>しい <ruby>問題<rt>もんだい</rt></ruby> $\quad$ でも かまいません。
어렵다　문제

<ruby>来週<rt>らいしゅう</rt></ruby>の <ruby>水曜日<rt>すいよう び</rt></ruby>
다음 주　수요일

05-02

문법 표현 Expression

02 〜ては いけません/だめです ~해서는 안 됩니다

① 동사 て활용형 + ては いけません/だめです

> ここでは 写真を 撮っ
> 여기서는 사진   撮(と)る 찍다
>
> 禁煙 区域で タバコを 吸っ
> 금연 구역   담배   吸(す)う 피우다

ては いけません/
だめです。

② い형용사 て활용형 + ては いけません/だめです

> 周りが うるさく
> 주변   うるさい 시끄럽다
>
> 値段が 高く
> 가격   高(たか)い 비싸다

ては いけません/だめです。

③ な형용사 어간 + では いけません/だめです

> 仕事に 不真面目
> 일   不真面目(ふまじめ)だ 불성실하다
>
> デザインが あまり 複雑
> 디자인   너무   複雑(ふくざつ)だ 복잡하다

では いけません/
だめです。

④ 명사 + では いけません/だめです

> こんな レポート
> 이런
>
> この 書類
> 서류

では いけません/だめです。

03 각 품사의 부정형(ない형)

① 동사의 부정형

⑴ 1그룹 동사

어미 う단 ⇒ あ단 + ない	
기본형	ない형
行^いく 가다	行^いかない 가지 않다
泳^{およ}ぐ 헤엄치다	泳^{およ}がない 헤엄치지 않다
話^{はな}す 이야기하다	話^{はな}さない 이야기하지 않다
待^まつ 기다리다	待^またない 기다리지 않다
死^しぬ 죽다	死^しなない 죽지 않다
遊^{あそ}ぶ 놀다	遊^{あそ}ばない 놀지 않다
飲^のむ 마시다	飲^のまない 마시지 않다
降^ふる 내리다	降^ふらない 내리지 않다
※ 예외 : 어미 う ⇒ わ + ない 会^あう 만나다 ⇒ 会^あわない 만나지 않다 吸^すう 피우다 ⇒ 吸^すわない 피우지 않다	

05-02

문법 표현 Expression

(2) 2그룹 동사

어간 + **ない**	
기본형	**ない**형
起^おきる 일어나다	起^おきない 일어나지 않다
見^みる 보다	見^みない 보지 않다
食^たべる 먹다	食^たべない 먹지 않다
寝^ねる 자다	寝^ねない 자지 않다

(3) 3그룹 동사

기본형	**ない**형
来^くる 오다	来^こない 오지 않다
する 하다	しない 하지 않다

② い형용사의 부정형

い형용사 어간 + **く ない**	
기본형	**ない**형
おいしい 맛있다	おいしく ない 맛있지 않다
安^{やす}い 싸다	安^{やす}く ない 싸지 않다

③ な형용사의 부정형

な형용사 어간 + では(じゃ) ない	
기본형	ない형
親切だ 친절하다	親切では(じゃ) ない 친절하지 않다
真面目だ 성실하다	真面目では(じゃ) ない 성실하지 않다

④ 명사의 부정형

명사 + では(じゃ) ない	
기본형	ない형
日本人 일본인	日本人では(じゃ) ない 일본인이 아니다
恋人 애인	恋人では(じゃ) ない 애인이 아니다

04 동사 ないで ください ~(하)지 말아 주세요

ここでは お酒を 飲ま   **ないで ください。**

私を 忘れ
忘(わす)れる 잊다

授業に 遅刻し
지각

문법 표현 Expression

05　동사 ない 方が いい(です)　~하지 않는 편이 좋다(좋습니다)

タバコは 吸わ
담배　　　吸(す)う 피우다

無理し
無理(むり)する 무리하다

あまり 考え
너무　　考(かんが)える 생각하다

ない 方が いい(です)。

06　동사 た 方が いい(です)　~하는 편이 좋다(좋습니다)

早く 病院に 行っ
빨리　병원　　行(い)く 가다

ニュースを 聞い
뉴스　　　聞(き)く 듣다

漢字を 覚え
한자　　覚(おぼ)える 외우다

た 方が いい(です)。

A 보기

보기와 같이 연습해 봅시다.

🎧 05-03

A : ここで タバコを 吸^すっても いいですか。

B : いいえ、吸^すっては いけません。

　　ここは 禁煙^{きんえん}エリアです。

ここで タバコを 吸^すう・ここは 禁煙^{きんえん}エリア

❶ 友^{とも}だちに 話^{はな}す・これは 秘密^{ひ みつ}

❷ ちょっと 入^{はい}る・今^{いま}は 会議中^{かい ぎ ちゅう}

❸ 窓^{まど}を 開^あける・冷房中^{れいぼうちゅう}

❹ ここに 車^{くるま}を 止^とめる・駐車禁止区域^{ちゅうしゃきん し く いき}

단어와 표현

吸^すう (담배를)피우다 | 禁煙^{きんえん}エリア 금연 구역 | 秘密^{ひ みつ} 비밀 | ちょっと 잠깐, 조금 | 入^{はい}る 들어가다 | 会議中^{かい ぎ ちゅう}
회의 중 | 窓^{まど} 창문 | 開^あける 열다 | 冷房中^{れいぼうちゅう} 냉방 중 | 止^とめる 세우다 | 駐車禁止区域^{ちゅうしゃきん し く いき} 주차금지 구역

B 보기

보기와 같이 연습해 봅시다. 🎧 05-04

あの、すみません。

タバコを 吸^すわないで ください。

タバコを 吸^すう

❶ ガムを かむ

❷ 大^{おお}きい 声^{こえ}で 話^{はな}す

❸ お酒^{さけ}を 飲^のむ

❹ いたずらを する

❺ 写真^{しゃしん}を 撮^とる

❻ ここに 車^{くるま}を 止^とめる

단어와 표현

すみません 죄송합니다, 실례합니다 | ガム 껌 | かむ 물다, 씹다 | 大^{おお}きい 크다 | 声^{こえ} 목소리 | 話^{はな}す 이야기하다 |
お酒^{さけ} 술 | 飲^のむ 마시다 | いたずらを する 장난을 치다 | 写真^{しゃしん} 사진 | 撮^とる 찍다 | 止^とめる 세우다

C 보기

보기와 같이 연습해 봅시다. 🎧 05-05

A : 髪を 短く 切った 方が いいですか。

B : いいえ、短く 切らない 方が いいと 思います。

髪を 短く 切る

① 留学に 行く

② あそこで 働く

③ 恋人と 別れる

④ 早く 結婚する

 단어와 표현

髪 머리(카락) | 短く 짧게 | 切る 자르다 | 留学 유학 | あそこ 저곳, 저기 | 働く 일하다 | 恋人 애인 | 別れる 헤어지다 | 早く 빨리 | 結婚する 결혼하다

베이직 테스트 Basic Test

01 다음 한자를 히라가나로 써 보세요.

보기

先生 ⇒ | せ | ん | せ | い |

1 成績

2 遅刻

3 禁煙

4 区域

5 恋人

02 다음 대화를 잘 듣고, 질문에 답해 보세요.

🎧 05-06

1 준수의 걱정은 무엇입니까?

① 성적 　② 공부 시간 부족 　③ 시험 준비 　④ 취업

2 준수는 하루 몇 시간 아르바이트 하고 있나요?

① 2시간 　② 3시간 　③ 4시간 　④ 5시간

3 나타샤는 언제 아르바이트를 하고 있나요?

① 월, 수 　② 화, 목 　③ 금, 토 　④ 토, 일

작문 Writing

01 다음 문장을 일본어로 써 보세요.

❶ 영어로 이야기해도 됩니까?

❷ 교실에서 담배를 피우면 안 됩니다.

❸ 결석하지 말아 주세요.

❹ 도서관에서 공부하는 것(편)이 좋습니다.

❺ 술은 마시지 않는 편이 좋습니다.

어휘 늘리기 Vocabulary

어떤 선택을 하는 것이 좋을까요?

🎧 05-07

보기

그림을 보면서 다음과 같이 이야기해 보세요.

A : 結婚した 方が いいですか。

B₁ : はい、結婚した 方が いいですよ。

B₂ : いいえ、結婚しない 方が いいですよ。

好きな 人に 告白する
좋아하는 사람에게 고백하다

図書館で 勉強する
도서관에서 공부하다

ダイエットする
다이어트하다

ペットを 飼う
반려동물을 키우다

家を 買う
집을 사다

大学院に 進学する
대학원에 진학하다

外国の 会社に 就職する

외국 회사에 취직하다

毎日 連絡する

매일 연락하다

秘密を 話す

비밀을 말하다

アルバイトする

아르바이트하다

貯金する

저금하다

子供を 産む

아이를 낳다

親と 一緒に 住む

부모와 함께 살다

海外研修に 行く

해외 연수하러 가다

日本語能力試験を 受ける

일본어능력시험을 치다

01 다음 한자를 읽고 그 뜻을 써 보세요.

보기

先輩 ⇨ せんぱい 선배

① 結婚 _____ _____

② 写真を 撮る _____ _____

③ 考える _____ _____

④ 忘れる _____ _____

⑤ 絶対 _____ _____

02 밑줄 친 부분에 해당하는 어휘, 표현을 쓰세요.

① 家に 遊びに 가도 됩니까? _____

② ここで タバコを 피워서는 안 됩니다. _____

③ 遅刻하지 말아 주세요. _____

④ アルバイト하지 않는 편이 좋습니다. _____

03 다음 문장을 일본어로 써 보세요.

① 전화해도 됩니까? _____

② 결석해서는 안 됩니다. _____

③ 빨리 잊는 편이 좋습니다. _____

アルバイトしなくても いいですか。

아르바이트 안 해도 됩니까?

학습 목표

의무 및 불필요, 가정과 목적 관련 표현 익히기

핵심 문장

アルバイトしなくても いいですか。

아르바이트 안 해도 됩니까?

まいにち べんきょう
毎日 勉強しなければ なりません。

매일 공부해야 합니다.

せいせき お しょうがくきん き
成績が 落ちると、奨学金が 切れます。

성적이 떨어지면 장학금이 끊어집니다.

준수 선배는 오늘도 아르바이트로 바쁘네요.

마인은 아르바이트 안 해도 됩니까?

성적이 떨어지면 장학금이 끊기니까 아르바이트할 시간이 없을 뿐.

A+ = 장학금

성적을 유지하기 위해서는 매일 공부해야 하거든.

오~

국비유학생은 좋겠어요.

저는 공부하면서 아르바이트도 해야 하니까 정말 힘들거든요.

다들 고생이네

아려는 아르바이트 안 해도 되는 거니?

저도 일단 장학금을 받고 있어서···.

부모 장학금···.

부끄러워서 말을 못 하겠네.

회화 Dialogue

アリョ ジュンス 先輩(せんぱい)は 今日(きょう)も アルバイトで 忙(いそが)しいですね。

マインは アルバイトしなくても いいですか。

マイン 成績(せいせき)が 落(お)ちると、奨学金(しょうがくきん) 切(き)れるから、アルバイトする 時間(じかん)が ないだけ。

成績(せいせき)を 維持(いじ)する ためには 毎日(まいにち) 勉強(べんきょう)しなければ ならないんだ。

ナターシャ 国費(こくひ) 留学生(りゅうがくせい)は いいですね。

私(わたし)は 勉強(べんきょう)しながら アルバイトも しなければ ならないから、本当(ほんとう)に

大変(たいへん)なんです。

マイン アリョは アルバイトしなくても いいの?

アリョ 私(わたし)も 一応(いちおう) 奨学金(しょうがくきん)を 受(う)けて いますので…。

(両親(りょうしん) 奨学金(しょうがくきん)…。)

단어와 표현

先輩(せんぱい) 선배 | 今日(きょう) 오늘 | ～も ~도 | アルバイト 아르바이트 | ～で ~로 | 忙(いそが)しい 바쁘다 | ～なくても いい
~하지 않아도 된다 | 成績(せいせき) 성적 | 落(お)ちる 떨어지다 | ～と ~면(가정, 결과) | 奨学金(しょうがくきん) 장학금 | 切(き)れる 끊어지다 |
～から ~때문에 | 時間(じかん) 시간 | 維持(いじ) 유지 | ために 위해서 | 毎日(まいにち) 매일 | 勉強(べんきょう) 공부 | ～なければ ならない
~해야 한다 | 国費(こくひ) 국비 | 留学生(りゅうがくせい) 유학생 | ～ながら ~하면서 | 本当(ほんとう)に 정말로 | 大変(たいへん)だ 힘들다 | 一応(いちおう) 일단 |
受(う)ける 받다 | 両親(りょうしん) 양친, 부모

문법 표현 Expression

01 ～なくても いい(です) ～하지 않아도 된다(됩니다)

① 동사 부정형 어간 + なくても いい(です)

> 時間が ありますから、急が
> じかん いそ
> 時間(じかん)が ある 시간이 있다 急(いそ)ぐ 서두르다
>
> あまり 心配し
> しんぱい
> 그다지, 별로 心配(しんぱい)する 걱정하다

なくても いい(です)。

② い형용사 부정형 어간 + なくても いい(です)

> 背が 高く
> せ たか
> 背(せ)が 高(たか)い 키가 크다
>
> 部屋は 広く
> へ や ひろ
> 방 広(ひろ)い 넓다

なくても いい(です)。

③ な형용사 부정형 어간 + なくても いい(です)

> 料理が 上手で(じゃ)
> りょうり じょうず
> 요리 上手(じょうず)だ 잘하다
>
> 交通が 便利で(じゃ)
> こうつう べんり
> 교통 便利(べんり)だ 편리하다

なくても いい(です)。

④ 명사 부정형 어간 + なくても いい(です)

> 高い プレゼントで(じゃ)
> たか
> 선물
>
> 有名な 先生で(じゃ)
> ゆうめい せんせい
> 有名(ゆうめい)だ 유명하다

なくても いい(です)。

02 ～なければ ならない(なりません)

~하지 않으면 안 된다(안 됩니다)

① 동사 부정형 어간 + なければ ならない(なりません)

<table>
<tr><td>日本語で 話さ
~로 話(はな)す 이야기하다

いい 会社に 就職し
회사 就職(しゅうしょく)する 취직하다</td><td>なければ ならない
(なりません)。</td></tr>
</table>

② い형용사 부정형 어간 + なければ ならない(なりません)

<table>
<tr><td>性格が 良く
성격

駅が 近く
역 近(ちか)い 가깝다</td><td>なければ ならない(なりません)。</td></tr>
</table>

③ な형용사 부정형 어간 + なければ ならない(なりません)

<table>
<tr><td>さしみは 新鮮で(じゃ)
회 新鮮(しんせん)だ 신선하다

周りが 静かで(じゃ)
주변 静(しず)かだ 조용하다</td><td>なければ ならない
(なりません)。</td></tr>
</table>

④ 명사 부정형 어간 + なければ ならない(なりません)

<table>
<tr><td>この 本で(じゃ)

彼女で(じゃ)</td><td>なければ ならない(なりません)。</td></tr>
</table>

문법 표현 Expression

03 　～と　～(하)면

① 동사 기본형 + と

この 道を 真っ直ぐ 行くと 駅が あります。
　　　길　　곧장, 똑바로　　　　역

クリックすると ニュースの 内容が 見られます。
　클릭하다　　　　뉴스　　　내용

1に 2を 足すと 3に なります。
　　　　더하다

② 동사 ない형 + と

明日までに 願書を 出さないと 入学できません。
　　　　　원서　　出(だ)す 내다　　입학

勉強しないと 成績が 落ちます。
　　　　　　성적　　落(お)ちる 떨어지다

お金を 入れないと 切符は 出ません。
　　　入(い)れる 넣다　　표　　出(で)る 나오다

04 　～ために / ～ための　～위해서 / ～위한

健康の ために 運動しなければ なりません。
　건강

いい 成績を 取る ためには 一生懸命 勉強しなければ なりません。
　　　성적을 받다　　　　　　열심히

ネイティブと 日本語で 話す ために 日本語の 勉強を して います。
　네이티브

将来の ための 準備を しなければ なりません。
　장래　　　　　準備(じゅんび)する 준비하다

A 보기

보기와 같이 연습해 봅시다.

A : 結婚しなければ なりませんか。

B : いいえ、結婚しなくても いいです。

結婚する

❶ お金を 払う

❷ 写真を 撮る

❸ 英語で 話す

❹ 朝早く 起きる

❺ アプリを ダウンロードする

❻ 試験に 合格する

단어와
표현

お金 돈 | 払う 지불하다 | 写真を 撮る 사진을 찍다 | 朝早く 아침 일찍 | 起きる 일어나다 | アプリ 앱 |
ダウンロードする 다운로드하다 | 試験 시험 | 合格する 합격하다

B 보기

보기와 같이 연습해 봅시다.

🎧 06-04

たくさん 食^たべると 太^{ふと}ります。

たくさん 食^たべる・太^{ふと}る

❶ スイッチを 押^おす・電気^{でんき}が つく

❷ ホームページに 入^{はい}る・写真^{しゃしん}が 見^みられる

❸ この 道^{みち}を 真^まっ直^すぐ 行^いく・駅^{えき}が ある

❹ 角^{かど}を 曲^まがる・病院^{びょういん}が 見^みえる

単어와
표현

たくさん 많이 | 太^{ふと}る 살찌다 | スイッチ 스위치 | 押^おす 누르다 | 電気^{でんき}が つく 전기가 켜지다 | ホームページ
홈페이지 | 写真^{しゃしん} 사진 | 見^みられる 볼 수 있다 | 真^まっ直^すぐ 곧장, 똑바로 | 駅^{えき} 역 | 角^{かど}を 曲^まがる 모퉁이를 돌다 |
病院^{びょういん} 병원

C 보기 보기와 같이 연습해 봅시다.

🎧 06-05

A：何の ために 日本語の 勉強を して いますか。

B：日本語で 小説を 読む ために 勉強を して います。

日本語で 小説を 読む

❶ 日本に 留学する

❷ 日本の 会社に 入る

❸ 日本の ドラマを 字幕なしで 見る

❹ 日本人の 友だちと 日本語で 話す

❺ いい 会社に 就職する

❻ 日本語能力試験を 受ける

단어와 표현

小説 소설 | 留学 유학 | ドラマ 드라마 | 字幕 자막 | なし 없음 | 就職する 취직하다 | 日本語能力試験
일본어능력시험 | 受ける (시험 등을)보다, 치다

01 다음 한자를 히라가나로 써 보세요.

보기

先生 ⇨ | せ | ん | せ | い |

❶ 奨学金 | | | | | | | |

❷ 両親 | | | | |

❸ 国費 | | | |

❹ 維持 | | |

❺ 時間 | | | |

02 다음 대화를 잘 듣고, 질문에 답해 보세요.

🎧 06-06

❶ 나타샤는 결혼에 대해 어떻게 생각하고 있습니까?

① 해야 한다   ② 안 해도 된다 ③ 해도 안 해도 상관없다   ④ 생각한 적 없다

❷ 아려는 결혼에 대해 어떻게 생각하고 있습니까?

① 해야 한다   ② 안 해도 된다 ③ 해도 안 해도 상관없다   ④ 생각한 적 없다

❸ 아려가 좋아하는 사람과 하고 싶은 것은 무엇입니까?

① 결혼   ② 연애   ③ 유학   ④ 세계일주 여행

작문 Writing

01 다음 문장을 일본어로 써 보세요.

❶ 아침 일찍 일어나야 합니다.

----

❷ 매일 아르바이트를 하지 않아도 됩니다.

----

❸ 결혼 안 해도 됩니다.

----

❹ 좋은 성적을 위해서는 공부해야 합니다.

----

❺ 이 길을 곧장 가면 역이 있습니다.

오늘 무엇을 해야 합니까?

보기

그림을 보면서 다음과 같이 이야기해 보세요.

🎧 06-07

A : 会社に 行かなければ なりませんか。

B₁ : はい、行かなければ なりません。

B₂ : いいえ、行かなくても いいです。

手紙を 書く
편지를 쓰다

レポートを 出す
리포트를 내다

お酒を 飲む
술을 마시다

スーツを 着る
슈트를 입다

部屋の 掃除を する
방 청소를 하다

料理を 作る
요리를 만들다

試験を 受ける
しけん う
시험을 치다

残業する
ざんぎょう
야근(잔업)하다

図書館で 本を 借りる
としょかん ほん か
도서관에서 책을 빌리다

朝早く 起きる
あさはや お
아침 일찍 일어나다

プレゼントを 買う
か
선물을 사다

日本語の 勉強を する
にほんご べんきょう
일본어 공부를 하다

結婚式に 行く
けっこんしき い
결혼식에 가다

薬を 飲む
くすり の
약을 먹다

タバコを 止める
や
담배를 끊다

레벨업 테스트 Level Up Test

01 다음 한자를 읽고 그 뜻을 써 보세요.

보기

先輩 ⇨ せんぱい 선배

① 就職 _____

② 忙しい _____

③ 毎日 _____

④ 大変だ _____

⑤ 性格 _____

02 밑줄 친 부분에 해당하는 어휘, 표현을 쓰세요.

① 毎日 勉強해야 합니다. _____

② 明日は 学校に 오지 않아도 됩니다. _____

③ 勉強しない면 成績が 落ちます. _____

④ 健康の 위해서 運動して います. _____

03 다음 문장을 일본어로 써 보세요.

① 매일 도서관에 가지 않아도 됩니다. _____

② 좋은 회사에 취직해야 합니다. _____

③ 공부하지 않으면 성적이 떨어집니다. _____

べん きょう　　　　　つづ
勉強を 続けようと
おも
思って います。

공부를 계속하려고 생각하고 있습니다.

학습 목표

의지형 및 추측 표현

핵심 문장

だいがくいん　　　　しんがく
大学院に 進学するつもりです。

대학원에 진학할 생각입니다.

べんきょう　　　　つづ　　　　　おも
勉強を 続けようと 思って います。

공부를 계속하려고 생각하고 있습니다.

た ぶん　　しゅうしょく
多分 就職するでしょう。

아마 취직하겠지요.

회화 Dialogue

ジュンス みんなは 卒業^{そつぎょう}したら、何^{なに}するか 決^きめた？

アリヨ まだ 具体的^{ぐたいてき}に 考^{かんが}えた ことは ないですけど、多分^{たぶん} 中国^{ちゅうごく}に 帰^{かえ}って 就職^{しゅうしょく}

するでしょう。卒業後^{そつぎょうご} 進学^{しんがく}は しない つもりです。

ナターシャ 私^{わたし}は アメリカへ 行^いって 勉強^{べんきょう}を 続^{つづ}けようと 思^{おも}って います。

マイン 僕^{ぼく}は 日本^{にほん}の 大学院^{だいがくいん}に 進学^{しんがく}して、博士課程^{はくしかてい}まで 勉強^{べんきょう}する つもりです。

アリヨ さすが。勉強好^{べんきょうず}きの ナターシャと マイン。

もうすぐ 卒業^{そつぎょう}する ジュンス先輩^{せんぱい}は どうする 予定^{よてい}ですか。

ジュンス 僕^{ぼく}は 勉強^{べんきょう}も 続^{つづ}けたいし、就職^{しゅうしょく}も したいし。

まだ 決^きめて ないんだ。

단어와
표현

みんな 모두 | 卒業^{そつぎょう} 졸업 | ～たら ~하면 | 決^きめる 정하다 | まだ 아직 | 具体的^{ぐたいてき} 구체적 | 考^{かんが}える 생각하다 |
多分^{たぶん} 아마 | 中国^{ちゅうごく} 중국 | 帰^{かえ}る 돌아가다 | 就職^{しゅうしょく} 취직 | ～でしょう ~겠지요 | 後^ご 후 | 進学^{しんがく} 진학 | つもり
생각 | アメリカ 미국 | 続^{つづ}ける 계속하다 | 思^{おも}う 생각하다 | 大学院^{だいがくいん} 대학원 | 博士^{はくし} 박사 | 課程^{かてい} 과정 | まで
까지 | さすが 과연 | ～好^ずき ~(을/를)좋아함 | もうすぐ 이제 곧, 머지않아 | どう 어떻게 | 予定^{よてい} 예정

문법 표현 Expression

01 의지, 예정 표현

① 동사 기본형 + つもりだ ~할 생각이다

> 今年 日本語能力試験を 受ける　つもりです。
> 올해　일본어능력시험　(시험을) 치다
>
> 大学院に 進学しないで 就職する
> 대학원　진학　취직하다

② 동사 ない형 + つもりだ ~하지 않을 생각이다

> もう 二度と 彼とは 会わ　ない つもりだ。
> 두 번 다시
>
> 当分 アルバイトはし
> 당분간

③ 동사 기본형 + 予定だ ~할 예정이다

> 飛行機は 午前 9時に 出発する　予定です。
> 비행기　출발하다
>
> 先生との 面談は 午後 3時に ある
> ~와/과의　면담

02 의지형 활용

① 1그룹 동사의 의지형

う단 ⇒ お단 + う			
기본형	의지형	기본형	의지형
買う 사다	買おう 사자	死ぬ 죽다	死のう 죽자
行く 가다	行こう 가자	飛ぶ 날다	飛ぼう 날자
泳ぐ 헤엄치다	泳ごう 헤엄치자	飲む 마시다	飲もう 마시자
話す 이야기하다	話そう 이야기하자	帰る 돌아가다	帰ろう 돌아가자
待つ 기다리다	待とう 기다리자	入る 들어가다	入ろう 들어가자

② 2그룹 동사의 의지형

어간 + よう			
기본형	의지형	기본형	의지형
起きる 일어나다	起きよう 일어나자	教える 가르치다	教えよう 가르치자
信じる 믿다	信じよう 믿자	覚える 기억하다	覚えよう 기억하자

③ 3그룹 동사의 의지형

기본형	의지형
来る 오다	来よう 오자
する 하다	しよう 하자

日本へ 留学に 行こうと 思っている。
유학

日本語能力試験を 受けようと 思っています。

いろいろな 仕事に チャレンジして みようと 思っています。
여러 가지 　일　 チャレンジする 도전하다, 챌린지하다

문법 표현 Expression

03 　～だろう/～でしょう　～(이)겠지/~(이)겠지요

① 동사 [～る/～て いる/～た] + だろう/でしょう

あの 映画は ヒットするでしょう。
えい が　　　　　　　　　영화　　　히트하다

外は 雨が 降って いるでしょう。
そと　あめ　ふ　　　　바깥　비　　降(ふ)る 오다

試験に 合格しただろうと 思います。
し けん　ごうかく　　　　　　　おも
시험　　합격

② い형용사 [～い/～かった] + だろう/でしょう

あの 車は 高いでしょう。
くるま　たか　　　　　　차　　비싸다

試験は 難しかったでしょう。
し けん　むずか　　　　　시험　　　어려웠다

③ な형용사 [어간/～だった] + だろう/でしょう

この アプリは 便利でしょう。
べん り　　　　　어플　　편리

昔は 有名だったでしょう。
むかし　ゆうめい
옛날　　유명했다

④ 명사 [명사/명사 + だった] + だろう/でしょう

彼は 彼女の 彼氏でしょう
かれ　かのじょ　かれ し
　　　　　　　　　남친

昔は お金持ちだったでしょう。
むかし　かね も
　　　　부자

A
보기

보기와 같이 연습해 봅시다.

🎧 07-03

A：卒業後 私は 進学するつもりです。

B：私も 進学しようと 思って います。

そつぎょう ご しんがく
卒業後・進学する

❶ 来月から・中国語を 習う

❷ 来年・日本に 行く

❸ 再来月・引っ越す

❹ 明日から・朝早く 起きる

❺ 再来年・結婚する

❻ 今日から・ダイエットする

단어와
표현

卒業後 졸업 후 | 進学する 진학하다 | 来月 다음 달 | 習う 배우다 | 来年 내년 | 再来月 다다음달 | 引っ
越す 이사하다 | 再来年 내후년 | ダイエットする 다이어트하다

B
보기

보기와 같이 연습해 봅시다.

🎧 07-04

A : 今度の 週末に 何を しようと 思って いますか。

B : 友だちに 会おうと 思って います。

友だちに 会う

❶ ドライブに 行く

❷ 小説を 読む

❸ 映画を 見る

❹ 恋人と デートする

❺ 図書館で 勉強する

❻ 学校に 来る

단어와 표현

今度 이번 | **週末** 주말 | **ドライブ** 드라이브 | **小説** 소설 | **読む** 읽다 | **映画** 영화 | **恋人** 애인 | **デートする** 데이트하다

C 보기 보기와 같이 연습해 봅시다.

🎧 07-05

A : 彼^{かれ}は 来^くるでしょうか。

B₁ : 多分^{たぶん} 来^くるでしょう。

B₂ : 多分^{たぶん} 来^こないでしょう。

彼^{かれ}は 来^くる

❶ 留学^{りゅうがく}に 行^いく

❷ 料理^{りょうり}を 作^{つく}る

❸ この 服^{ふく}を 着^きる

❹ 今年^{ことし} 就職^{しゅうしょく}する

❺ あの 二人^{ふたり}は 結婚^{けっこん}する

❻ 授業^{じゅぎょう}に 出席^{しゅっせき}する

단어와
표현

留学^{りゅうがく} 유학 | 料理^{りょうり} 요리 | 服^{ふく} 옷 | 着^きる 입다 | 今年^{ことし} 올해 | 就職^{しゅうしょく}する 취직하다 | 結婚^{けっこん}する 결혼하다

第^{だい} 7 課^か・勉強^{べんきょう}を 続^{つづ}けようと 思^{おも}っています。　109

01 다음 한자를 히라가나로 써 보세요.

보기

先生 ⇨ | せ | ん | せ | い |

❶ 大学院 | | | | | | |

❷ 卒業 | | | | |

❸ 就職 | | | | | | |

❹ 課程 | | | |

❺ 予定 | | | |

02 다음 대화를 잘 듣고, 질문에 답해 보세요. 🎧 07-06

❶ 아려는 언제 일본어능력시험을 쳤습니까?

① 3년 전   ② 2년 전   ③ 작년   ④ 올해

❷ 마인은 올해 일본어능력시험을 칠 생각입니까?

① 칠 생각이다   ② 칠 생각이 없다   ③ 아직 결정하지 않았다   ④ 관심 없다

❸ 나타샤는 올해 어떤 레벨의 일본어능력시험을 칠 생각입니까?

① N1   ② N2   ③ N3   ④ N4

01   다음 문장을 일본어로 써 보세요.

❶ 취직할 생각입니다.

----

❷ 진학하지 않을 생각입니다.

----

❸ 일본어능력시험을 치려고 생각하고 있습니다.

----

❹ 내일 선생님을 만날 예정입니다.

----

❺ 아마 선배는 한국에 돌아가겠지요.

어휘 늘리기 Vocabulary

어떤 계획을 가지고 있나요?

그림을 보면서 다음과 같이 이야기해 보세요.

🎧 07-07

보기

A : 留学に 行くつもりですか。

B₁ : はい、留学に 行くつもりです。

B₂ : いいえ、留学に 行かないつもりです。

大学に 入る
대학교에 들어가다

大学院に 進学する
대학원에 진학하다

会社に 就職する
회사에 취직하다

会社を やめる
회사를 그만두다

卒業論文を 書く
졸업논문을 쓰다

卒業試験を 受ける
졸업시험을 치다

恋愛結婚する
연애결혼하다

お見合い結婚する
중매결혼하다

子供を産む
아이를 낳다

家を買う
집을 사다

海外旅行に行く
해외여행을 가다

親と一緒に住む
부모님과 함께 살다

一人で住む
혼자서 살다

ペットを飼う
반려동물을 키우다

ボランティア活動をする
봉사활동을 하다

01 다음 한자를 읽고 그 뜻을 써 보세요.

보기

先輩 ⇨ せんぱい 선배

① 続ける _____ _____

② 進学 _____ _____

③ 多分 _____ _____

④ 決める _____ _____

⑤ 具体的 _____ _____

02 밑줄 친 부분에 해당하는 어휘, 표현을 쓰세요.

① 結婚は しない <u>생각</u>です。
けっこん
_____

② アルバイトを <u>계속하려고</u> 思って います。
おも
_____

③ 明日 出発する <u>예정</u>です。
あした しゅっぱつ
_____

④ <u>多分</u> 彼女は 中国に 帰る <u>겠지요</u>.
た ぶん かのじょ ちゅうごく かえ
_____

03 다음 문장을 일본어로 써 보세요.

① 졸업 후 진학할 생각입니다.

_____

② 공부를 계속하려고 생각하고 있습니다.

_____

③ 그녀는 유학가겠지요.

_____

先輩なら 良く やれる はずです。

선배님이라면 잘 해낼 수 있을 것입니다.

가능형과 조건형 가정 및 추측 표현 익히기

好きな 仕事が 選べます。

좋아하는 일을 고를 수 있습니다.

能力が 発揮できそうです。

능력을 발휘할 수 있을 것 같습니다.

先輩なら 良く やれる はずです。

선배님이라면 잘 해낼 수 있을 것입니다.

ジュンス アリョは 卒業したら 早く 就職したいと 言ってたね。

好きな 仕事が 選べるなら どんな 仕事したい?

アリョ そうですね。旅行会社の コーディネイター?

旅行が 一番 好きですから。

ジュンス お! アリョにピッタリの 仕事。アリョの 能力が 充分 発揮できそう。

アリョ ありがとうございます。なんだか 勇気が わいてきます。

先輩は 決めましたか。就職か 勉強か。

ジュンス それが まだ。悩んで いるんだ。

アリョ 心配しなくても いいですよ。

先輩なら 何を しても 良く やれる はずです。

단어와
표현

卒業 졸업 | 早く 빨리 | 就職 취직 | 言う 말하다 | 好きな 좋아하는 | 仕事 일 | 選ぶ 선택하다, 고르다 | ～なら ~라면 | どんな 어떤 | 旅行会社 여행사 | コーディネイター 코디네이터 | 一番 가장, 제일 | ピッタリ 딱 맞는 | 能力 능력 | 充分 충분 | 発揮 발휘 | できる 할 수 있다 | なんだか 어쩐지, 왠지 | 勇気 용기 | わく 끓다 | 決める 결정하다 | 悩む 고민하다 | 心配 걱정 | 良く 잘 | やれる 할 수 있다 | ～はず (분명, 틀림없이)~것임, ~터임

문법 표현 Expression

01 가능 표현

① 명사 + が できる

<table>
<tr><td>私は 運転が
わたし うんてん
운전

水泳が
すいえい
수영</td><td>できます。</td></tr>
</table>

<table>
<tr><td>ここでは 撮影が
さつえい
촬영

あの 店は 予約が
みせ よやく
예약</td><td>できません。</td></tr>
</table>

② 동사 기본형 + ことが できる

<table>
<tr><td>無料で 動画を 見る
むりょう どうが み
무료 동영상

図書館は 夜 10時まで 利用する
としょかん よる じ りょう
이용</td><td>ことが できます。</td></tr>
</table>

③ 동사 가능형

ここでは 安い 値段で ショッピングが 楽しめます。
やす ねだん たの
가격

彼の 話は 信じられません。
かれ はなし しん
이야기

内容が 難しくて、理解できません。
ないよう むずか りかい
내용 이해

明日は 来られません。
あした こ

(1) 1그룹 동사의 가능형

う단 ⇒ え단 + る			
기본형	가능형	기본형	가능형
買^かう 사다	買^かえる 살 수 있다	死^しぬ 죽다	死^しねる 죽을 수 있다
行^いく 가다	行^いける 갈 수 있다	飛^とぶ 날다	飛^とべる 날 수 있다
泳^{およ}ぐ 헤엄치다	泳^{およ}げる 헤엄칠 수 있다	飲^のむ 마시다	飲^のめる 마실 수 있다
話^{はな}す 이야기하다	話^{はな}せる 이야기할 수 있다	座^{すわ}る 앉다	座^{すわ}れる 앉을 수 있다
待^まつ 기다리다	待^まてる 기다릴 수 있다		

(2) 2그룹 동사의 가능형

어간 + られる	
기본형	가능형
起^おきる 일어나다	起^おきられる 일어날 수 있다
信^{しん}じる 믿다	信^{しん}じられる 믿을 수 있다
教^{おし}える 가르치다	教^{おし}えられる 가르칠 수 있다
覚^{おぼ}える 기억하다	覚^{おぼ}えられる 기억할 수 있다

(3) 3그룹 동사의 가능형

기본형	가능형
来^くる 오다 する 하다	来^こられる 올 수 있다 できる 할 수 있다

문법 표현 Expression

02 ～なら ～한다면, ～(이)라면 (조건형 가정)

① 동사 기본형 + なら

京都へ 行くなら すてきな 店を 紹介します。
소개

韓国の お土産を 買うなら のりが いいです。
선물　　　　　　　　　 김

② い형용사 기본형 + なら

高いなら 買って こなくても いいです。

内容が 面白く ないなら 読まない 方が いいです。
내용

③ な형용사 어간 + なら

使い方が 不便なら 使わない 方が いいです。
사용법　　不便(ふべん)だ 불편하다 使(つか)う 사용하다

結果が 不安なら 先に 確認して みて ください。
결과　　不安(ふあん)だ 불안하다 確認 확인

④ 명사 + なら

東京の ホテルなら ここを 勧めたいです。
호텔　　　　　　　　 勧(すす)める 추천하다, 권하다

ロマンチックな デートコースなら ここが いいですよ。
로맨틱　　　　　 데이트 코스

03 ～そうだ ～처럼 보인다, ～인 것 같다 (양태, 추측)

① 동사 ます형 + そうだ

今にも 雨が 降りそうです。
당장에라도, 금방

ワイシャツの ボタンが 取れそうです。
와이셔츠　　　　ボタンが 取(と)れる 단추가 떨어지다

② い형용사 어간 + そうだ

料理が とても おいしそうです。

＊周りの 環境が 良さそうです。
주위　　　환경

③ な형용사 어간 + そうだ

あの カップルは 幸せそうです。

仕事が 大変そうです。

④ ～そうな + 명사

真面目そうな 印象の 学生です。
인상

難しそうな 問題ですね。
문제

⑤ ～そうに + 동사

子供たちが 楽しそうに 遊んで います。

嬉しそうに 笑って います。
笑(わら)う 웃다

문법 표현 Expression

04 〜はず (분명, 틀림없이) ~것임/터임 (강한 추측)

① はずだ(です) ~(일) 것이다(입니다)

> きょう きゅうりょう び かね
> 今日は 給料日だから、お金が ある
> 급료일, 월급날　　　　돈
>
> でん わ ばんごう し
> アリョは ナターシャの 電話番号を 知って いる
> 　　　　　　　　　　전화번호　　　　알고 있다

はずです。

② 〜はずが ない(です) ~(일)리가 없다(없습니다)

> じゅぎょう けっせき
> マインが 授業に 欠席する
> 　　　수업　　결석
>
> ま じ め せんぱい
> 真面目な 先輩が カンニングする
> 성실한　　　　　　커닝

はずが ないです。

패턴 연습 Exercise

보기와 같이 연습해 봅시다.

🎧 08-03

A
보기

A ： この 漢字が 読めますか。

B₁：はい、読めます。

B₂：いいえ、読めません。

この 漢字を 読む

❶ 中国語を 話す

❷ 日本の 歌を 歌う

❸ 漢字を 書く

❹ ホームページを 作る

❺ 日本語で レポートを 書く

❻ 通訳を する

단어와
표현

漢字 한자 | ホームページ 홈페이지 | 作る 만들다 | レポート 리포트 | 通訳 통역

패턴 연습 Exercise

B
보기

보기와 같이 연습해 봅시다.

A：インターネットで 安く 買うことが できますか。

B：そうですね。安く 買えますね。

インターネットで 安く 買う

❶ コーヒーショップで
おいしい コーヒーを 飲む

❷ 郵便局で 小包を 送る

❸ 図書館で 本を 借りる

❹ コンビニで お弁当を 食べる

❺ 公園で 散歩する

❻ 自転車で 来る

단어와
표현

インターネット 인터넷 | 安く 싸게 | コーヒーショップ 커피숍 | 郵便局 우체국 | 小包 소포 | 送る
보내다 | 図書館 도서관 | 借りる 빌리다 | コンビニ 편의점 | お弁当 도시락 | 公園 공원 | 散歩する 산책
하다 | 自転車 자전거

C 보기

보기와 같이 연습해 봅시다.

🎧 08-05

ゆき ふ
雪が 降りそうです。

ゆき ふ
雪が 降る

❶ あか な だ
赤ちゃんが 泣き出す

❷ じゅぎょう おく
授業に 遅れる

❸ かれ あたま
彼は 頭が いい

❹ かのじょ いそが
彼女は 忙しい

❺ さ ぎょう たいへん
作業が 大変だ

❻ かのじょ しあわ
彼女は 幸せだ

단어와
표현

あか
赤ちゃん 아기 | な だ 泣き出す 울음을 터뜨리다 | じゅぎょう 授業 수업 | おく 遅れる 늦다 | あたま 頭が いい 머리가 좋다 | いそが 忙しい
바쁘다 | さぎょう 作業 작업 | たいへん 大変だ 힘들다 | しあわ 幸せだ 행복하다

베이직 테스트 Basic Test

01 다음 한자를 히라가나로 써 보세요.

보기

先生 ⇒ | せ | ん | せ | い |

❶ 能力 | | | | | |

❷ 発揮 | | | |

❸ 旅行会社 | | | | | | | | |

❹ 撮影 | | | |

❺ 動画 | | | |

02 다음 대화를 잘 듣고, 질문에 답해 보세요.   🎧 08-06

❶ 나타샤는 운전 면허가 있습니까?

① 없다　　② 있다　　③ 모른다　　④ 올해 딸 예정이다

❷ 아려는 일본에서 무슨 교통수단을 주로 이용합니까?

① 버스　　② 자가용　　③ 자전거　　④ 지하철

❸ 마인이 좋아하는 교통수단은 무엇입니까?

① 자전거　　② 오토바이　　③ 버스　　④ 지하철

작문 Writing

01 다음 문장을 일본어로 써 보세요.

❶ 영어로 말할 수 있습니다.

❷ 일본어로 리포트를 쓸 수 있습니다.

❸ 아르바이트가 힘들어 보입니다.

❹ 그녀라면 (분명)해낼 수 있을 것입니다.

❺ 선배라면 좋은 회사에 (분명)취직할 수 있을 것입니다.

무엇을 할 수 있나요?

보기

그림을 보면서 다음과 같이 이야기해 보세요. 🎧 08-07

A ： ゴルフが できますか。

B₁ : はい、できます。

B₂ : いいえ、できません。

料理
요리

編み物
뜨개질

釣り
낚시

コンピューターゲーム
컴퓨터 게임

サイクリング
사이클링

ビリヤード
당구

スカッシュ
스쿼시

スキー
스키

ボーリング
볼링

スノーボード
스노보드

ゴルフ
골프

<ruby>水泳<rt>すいえい</rt></ruby>
수영

ヨガ
요가

アイススケート
아이스 스케이트

コスプレ
코스튬 플레이

레벨업 테스트 Level Up Test

01 다음 한자를 읽고 그 뜻을 써 보세요.

보기

先輩 ⇨ せんぱい 선배

① 選ぶ _____ _____

② 悩む _____ _____

③ 心配 _____ _____

④ 仕事 _____ _____

⑤ 勇気 _____ _____

02 밑줄 친 부분에 해당하는 어휘, 표현을 쓰세요.

① 運転が 할수 있습니까? _____

② 日本語で 話す할수 있습니다. _____

③ 先輩이라면 信じられます。 _____

④ 今にも 雨が 올 것 같습니다. _____

⑤ 彼女は ここに 来る(분명)것입니다. _____

03 다음 문장을 일본어로 써 보세요.

① 일본어로 말할 수 있습니다. _____

② 라면이 맛있어 보입니다(맛있을 것 같습니다). _____

③ 선생님이라면 (분명)할 수 있을 것입니다. _____

いち ど　　せつ めい
もう 一度 説明して あげますね。

한 번 더 설명해 줄게요.

학습 목표

수수동사 표현 익히기

핵심 문장

わたし　ともだち　りょうり　　つく
私は 友達に 料理を 作って あげました。

나는 친구에게 요리를 만들어 주었습니다.

せんせい　わたし　せつめい
先生は 私に 説明して くださいました。

선생님은 저에게 설명해 주셨습니다.

わたし　せんせい　おし
私は 先生に 教えて いただきました。

저는 선생님께 가르침을 받았습니다.

선생님, 좀 질문이 있습니다만, 질문 드려도 될까요?

물론이죠. 질문이 뭐예요?

이 파트가 이해가 안 돼서요.

아~ 이거요. 한 번 더 설명해 줄게요.

알기 쉽게 설명해 주셔서 감사합니다.

이건 지금까지 신세진 선생님께 드리고 싶어서 러시아에서 가지고 온 선물입니다.

어머나~ 본고장의 러시아 티!! 제가 이렇게 좋은 선물을 받아도 되는 걸까요?

그런 말씀 마시고 부디 받아주세요.

하지만 학교의 규칙도 있고···. 나타샤의 마음만 받을게요. 정말 고마워요.

회화 Dialogue

ナターシャ 先生、ちょっと 質問が あるんですが、質問しても よろしいですか。

中村 もちろんですよ。質問は 何ですか。

ナターシャ この パートが 理解できないんです。

中村 ああ〜、これですね。もう 一度 説明して あげますね。

ナターシャ 分かりやすく 説明して くださって、ありがとうございます。

これは 今まで お世話に なった 先生に さしあげたくて、

ロシアから 持ってきた お土産です。

中村 まあ〜、本場の ロシアンティー!!

私が こんな いい プレゼントを もらって いいかしら。

ナターシャ そんな こと おっしゃらないで、どうぞ 受け取って ください。

中村 でも 学校の 規則も あって…。

ナターシャの お気持ちだけ 受け取りますね。本当に ありがとう。

단어와 표현

質問 질문 | **よろしい** 좋다, 괜찮다 | **もちろん** 물론 | **パート** 파트 | **理解** 이해 | **できない** 할 수 없다 | **もう 一度** 한 번 더 | **説明** 설명 | **~て あげる** ~해 주다 | **分かりやすい** 이해하기 쉽다 | **~て くださる** ~해 주시다 | **お世話に なる** 신세를 지다 | **さしあげる** 드리다 | **持ってくる** 가지고 오다 | **お土産** 선물 | **本場** 본고장 | **ロシアンティー** 러시아 티 | **プレゼント** 선물 | **もらう** 받다 | **~かしら** ~걸까 | **おっしゃる** 말씀하시다 | **受け取る** 받다 | **規則** 규칙 | **お気持ち** 기분, 마음 | **~だけ** ~만

문법 표현 Expression

01 수수 동사

① 남(상대방)에게 주다, 드리다

(1) やる (동식물, 아랫사람에게) 주다

毎日 ペットに えさを やります。
반려동물　먹이

妹の 誕生日に かわいい バッグを やりました。

(2) あげる (친구, 동격인 대상에게) 주다

友だちに コンサートの チケットを あげました。

彼氏に 手作り バレンタインチョコを あげました。
수제, 손수 만든 것　밸런타인 초콜릿

(3) さしあげる (윗분께) 드리다

中村さんの お母様に お花を さしあげました。
어머님　꽃

先生に 国の お土産を さしあげようと 思って います。
고향, 나라　선물

② 남(상대방)이 (나, 나와 관련된 사람들에게) 주다, 주시다

(1) くれる (친구, 동격인 대상이) 주다

親友が 誕生日の プレゼントに 香水を くれました。
친구　　　　　향수

両親は クリスマスの 日に 何も くれませんでした。

(2) くださる (윗분께서) 주시다

先生は いい 資料を くださいました。
자료

これは 先生が くださった 本です。

134

③ 받다

(1) もらう (친구, 동격의 대상에게서) 받다

恋人に すてきな 指輪を もらいました。
반지

両親に おこづかいを もらいました。

(2) いただく (윗분께) 받다

学長から 賞を いただきました。
학장　　　　상

先生に すばらしい コメントを いただきました。
　　　　굉장하다　　코멘트, 설명

02 수수 보조동사

① 남(상대방)에게 ~해 주다

(1) ～て やる (아랫사람, 동식물에게) ~해 주다

弟に 財布を 買って やりました。
　　　지갑

ペットを 散歩に 連れていって やりました。
반려동물　　산책　　連(つ)れて\いく 데리고 가다

(2) ～て あげる (친구, 동격인 대상에게) ~해 주다

彼女に カフェで 歌を 歌って あげました。

友だちに 資料を メールで 送って あげました。

문법 표현 Expression

② 남이 (나, 나와 관련된 대상에게) ~해 주다, ~해 주시다

(1) ~て くれる (아랫사람, 친구, 동격인 대상이) ~해 주다

かれ 　わたし　　　　　　みまも
彼は いつも 私の そばで 見守って くれます。
　　　　　　　　　　　　　見守(みまも)る 지켜보다

かれ　うた　わたし　ちからづよ　　　　　　　　　　つた
彼の 歌は 私に 力強い メッセージを 伝えて くれました。
　　　　　　　　　마음 든든하다　　메시지　　　伝(つた)える 전하다

(2) ~て くださる (윗분께서) ~해 주시다

せんせい　　お　　　　　　　　　　わたし　　はげ
先生は 落ちこんで いる 私を 励まして くださいました。
　　　　落(お)ちこむ (좋지 못한 상태에)빠지다 励(はげ)ます 격려하다

せんせい　　　か ぞく　　しゃしん　み
先生は ご家族の 写真を 見せて くださいました。

③ 상대방으로부터 어떠한 행위를 ~함을 받다

(1) ~て もらう (아랫사람, 친구, 동격인 대상으로부터) ~함을 받다

に ほん　　　なかむら　　　　　　　　　　たす
日本では 中村さんに いろいろと 助けて もらいました。
　　　　　　　　　여러 가지로　　　助(たす)ける 돕다, 구하다

しなもの　　たくはい　　おく
品物を 宅配で 送って もらいました。
물건　　배달, 택배

(2) ~て いただく (윗분으로부터) ~해 주시는 것을 받다

せんせい　さくぶん　なお
先生に 作文を 直して いただきました。
작문　　　直(なお)す 고치다

　　ろんぶん　か　　　　　　　せんせい　てつだ
いい 論文を 書く ために 先生に 手伝って いただきました。
논문　　　　　　　　　　　　手伝(てつだ)う 도와주다

03 복합어 (동사의 ます형 + 접미어)

① ～やすい ~하기 쉽다, ~하기 편하다

この スマートフォンは 使_{つか}いやすいです。
스마트폰　　　　　使(つか)う 사용하다

浴衣_{ゆかた}は 着_きやすいです。
유카타　　着(き)る 입다

② ～にくい ~하기 어렵다, ~하기 불편하다

ハイヒールは かかとが 高_{たか}くて、履_はきにくいです。
하이힐　　　　굽　　　高(たか)い 높다 履(は)く 신다

この 料理_{りょうり}は ちょっと 食_たべにくいですね。
　　　　　　　　　　　　食(た)べる 먹다

04 동사 ないで ～(하)지 않고, ～(하)지 말고

昨日_{きのう}は 全然_{ぜんぜん} 寝_ねないで レポートを 書_かきました。
어제　　　　전혀　寝(ね)る 자다　리포트

全然_{ぜんぜん} 勉強_{べんきょう}しないで 寝_ねて しまいました。
　　　　　　　　　　　　　てしまう ~해 버리다

泣_なかないで 私_{わたし}の 話_{はなし}を 聞_きいて ください。
泣(な)く 울다　　　　　이야기　聞(き)く 듣다

A 보기

보기와 같이 연습해 봅시다.

🎧 09-03

私は 友<small>とも</small>だちに 本<small>ほん</small>を あげました。

友<small>とも</small>だち・本<small>ほん</small>・あげる

❶ 猫<small>ねこ</small>・えさ・やる

❷ 彼氏<small>かれし</small>・ネクタイ・あげる

❸ 先生<small>せんせい</small>・お花<small>はな</small>・さしあげる

❹ 部長<small>ぶちょう</small>・ワイン・さしあげる

단어와
표현

猫<small>ねこ</small> 고양이 | えさ 먹이 | ネクタイ 넥타이 | お花<small>はな</small> 꽃 | 部長<small>ぶちょう</small> 부장님 | ワイン 와인

09-04

B 보기 보기와 같이 연습해 봅시다.

^{わたし}私は ^{せんせい}先生に ^{しょうたいけん}招待券を さしあげました。

^{わたし}私・^{せんせい}先生・^{しょうたいけん}招待券・さしあげる

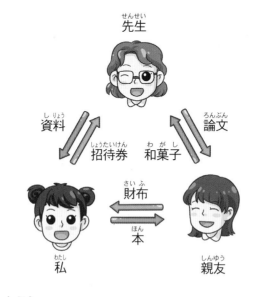

❶ ^{わたし}私・^{せんせい}先生・^{しりょう}資料・いただく

❷ ^{わたし}私・^{しんゆう}親友・^{ほん}本・あげる

❸ ^{しんゆう}親友・^{わたし}私・^{さいふ}財布・くれる

❹ ^{せんせい}先生・^{しんゆう}親友・^{ろんぶん}論文・くださる

❺ ^{しんゆう}親友・^{せんせい}先生・^{わがし}和菓子・さしあげる

❻ ^{しんゆう}親友・^{わたし}私・^{ほん}本・もらう

단어와 표현

^{しょうたいけん}招待券 초대권 | **^{しりょう}資料** 자료 | **^{しんゆう}親友** 친구 | **^{ろんぶん}論文** 논문 | **^{わがし}和菓子** 일본식 과자

보기

C 보기

보기와 같이 연습해 봅시다. 🎧 09-05

<ruby>私<rt>わたし</rt></ruby>は <ruby>姉<rt>あね</rt></ruby>に <ruby>本<rt>ほん</rt></ruby>を <ruby>買<rt>か</rt></ruby>って もらいました。

<ruby>私<rt>わたし</rt></ruby>・<ruby>姉<rt>あね</rt></ruby>・<ruby>本<rt>ほん</rt></ruby>を <ruby>買<rt>か</rt></ruby>う

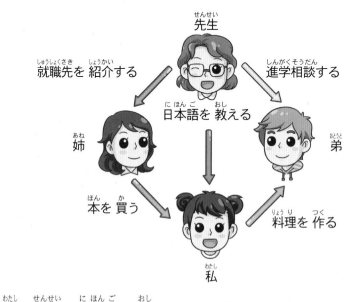

せんせい
先生

しゅうしょくさき しょうかい
就職先を 紹介する

しんがくそうだん
進学相談する

にほんご おし
日本語を 教える

あね
姉

おとうと
弟

ほん か
本を 買う

りょうり つく
料理を 作る

わたし
私

❶ <ruby>私<rt>わたし</rt></ruby>・<ruby>先生<rt>せんせい</rt></ruby>・<ruby>日本語<rt>にほんご</rt></ruby>を <ruby>教<rt>おし</rt></ruby>えて いただく

❷ <ruby>先生<rt>せんせい</rt></ruby>・<ruby>姉<rt>あね</rt></ruby>・<ruby>就職先<rt>しゅうしょくさき</rt></ruby>を <ruby>紹介<rt>しょうかい</rt></ruby>して くださる

❸ <ruby>姉<rt>あね</rt></ruby>・<ruby>私<rt>わたし</rt></ruby>・<ruby>本<rt>ほん</rt></ruby>を <ruby>買<rt>か</rt></ruby>って くれる

❹ <ruby>私<rt>わたし</rt></ruby>・<ruby>弟<rt>おとうと</rt></ruby>・<ruby>料理<rt>りょうり</rt></ruby>を <ruby>作<rt>つく</rt></ruby>って やる

❺ <ruby>弟<rt>おとうと</rt></ruby>・<ruby>先生<rt>せんせい</rt></ruby>・<ruby>進学相談<rt>しんがくそうだん</rt></ruby>して いただく

❻ <ruby>先生<rt>せんせい</rt></ruby>・<ruby>弟<rt>おとうと</rt></ruby>・<ruby>進学相談<rt>しんがくそうだん</rt></ruby>して くださる

단어와
표현

<ruby>就職先<rt>しゅうしょくさき</rt></ruby> 취직처 | <ruby>紹介<rt>しょうかい</rt></ruby>する 소개하다 | <ruby>料理<rt>りょうり</rt></ruby>を <ruby>作<rt>つく</rt></ruby>って やる 요리를 만들어 주다 | <ruby>進学相談<rt>しんがくそうだん</rt></ruby>する 진학상담하다

D 보기 보기와 같이 연습해 봅시다.

09-06

A : 私が 料理を 作って あげるよ。

B : 料理を 作って くれて ありがとう。

料理を 作る

❶ 掃除を 手伝う

❷ そばに いる

❸ 日本語を 教える

❹ 資料を 集める

단어와 표현

掃除 청소 | 手伝う 돕다 | そば 옆 | いる 있다 | 教える 가르치다 | 資料 자료 | 集める 모으다, 수집하다

01 다음 한자를 히라가나로 써 보세요.

보기

先生 ⇨ | せ | ん | せ | い |

❶ 質問 | | | | |

❷ 理解 | | | |

❸ 部分 | | | |

❹ 説明 | | | | |

❺ お礼 | | | |

02 다음 대화를 잘 듣고, 질문에 답해 보세요.   🎧 09-07

❶ 나타샤의 어머니는 크리스마스 때 무엇을 만들어 주었습니까?

① 요리　　② 케이크　　③ 쿠키　　④ 머플러

❷ 크리스마스 파티에서 아려는 무엇을 할 계획입니까?

① 요리　　② 선물　　③ 노래　　④ 댄스

❸ 크리스마스 파티에서 마인은 무엇을 합니까?

① 요리　　② 선물　　③ 노래　　④ 댄스

작문 Writing

01 다음 문장을 일본어로 써 보세요.

❶ 나는 친구에게 선물을 주었습니다.

---

❷ 친구는 (나를) 기다려 주었습니다.

---

❸ 그녀에게 노래를 불러 주었습니다.

---

❹ 선생님으로부터 가르침을 받았습니다.

---

❺ 이 노트북은 사용하기 편합니다.

특별한 날, 무엇을 주고(받고) 싶어요?

> 보기
>
> 그림을 보면서 다음과 같이 이야기해 보세요. 🎧 09-08
>
> A：誕生日に 恋人に 何を 買って あげ(もらい)たいですか。
>
> B：ハンドバッグを 買かって あげ(もらい)たいです。

誕生日
생일

クリスマス
크리스마스

バレンタインデー
밸런타인데이

ホワイトデー
화이트데이

プロポーズの 日
프로포즈의 날

結婚５周年

結婚記念日
결혼기념일

指輪
ゆび わ

반지

腕時計
うで ど けい

손목시계

香水
こうすい

향수

ネクタイ

넥타이

テディベア

테디베어

財布
さい ふ

지갑

コンサート チケット

콘서트 티켓

ペアリング

커플링

ペット

반려동물

01 다음 한자를 읽고 그 뜻을 써 보세요.

보기

先輩 ⇨ せんぱい 선배

① 教える _____

② お土産 _____

③ 親友 _____

④ 相談 _____

⑤ 論文 _____

02 밑줄 친 부분에 해당하는 어휘, 표현을 쓰세요.

① 私は 両親に おこづかいを <u>받았습니다</u>.
_____

② 私は ペットに えさを <u>주었습니다</u>.
_____

③ 友達は 私に 資料を 送って <u>주었습니다</u>.
_____

④ 先生は 東京を 案内して <u>주셨습니다</u>.
_____

03 다음 문장을 일본어로 써 보세요.

① 친구는 (나를) 이해해 주었습니다.
_____

② 저는 친구에게 요리를 만들어 주었습니다.
_____

③ 이해하기 쉽게 설명해 주셔서 감사합니다.
_____

第 <ruby>10<rt>だい</rt></ruby> <ruby>課<rt>か</rt></ruby>

<ruby>全然<rt>ぜん ぜん</rt></ruby> <ruby>眠<rt>ねむ</rt></ruby>れなかった ようでした。

전혀 잠을 못 잔 것 같았습니다.

학습 목표

전문(전언), 추측 표현 익히기

핵심 문장

<ruby>中国<rt>ちゅうごく</rt></ruby>に <ruby>帰<rt>かえ</rt></ruby>ったそうです。

중국에 돌아갔다고 합니다.

<ruby>全然<rt>ぜんぜん</rt></ruby> <ruby>眠<rt>ねむ</rt></ruby>れなかったようです。

전혀 잠을 못 잔 것 같습니다.

<ruby>有名<rt>ゆうめい</rt></ruby>ホテルの <ruby>会長<rt>かいちょう</rt></ruby>らしいです。

유명 호텔의 회장님인 것 같습니다.

회화 Dialogue

中村 今日 アリョは 欠席ですか。

ナターシャ はい、アリョの お父様が 急に 倒れたそうです。

それで 至急 今朝 中国に 帰りました。

中村 そうなんですか。アリョ 本当に びっくりしたでしょうね。

ナターシャ はい、一晩中 全然 眠れなかったようでした。

中村 でも 幸い、飛行機の チケットが ありましたね。

ナターシャ ええ、多分 ビジネス席で…。

SNSを 見ると アリョの お父様は 有名ホテルの 会長らしいですよ。

マイン アリョは 一人娘だから、将来…。まるで ドラマのような 話!!

中村 アリョの プライバシーは ちょっと…。じゃ、授業を 始めます。

단어와 표현

欠席 결석 | **お父様** 아버님 | **急に** 갑자기 | **倒れる** 쓰러지다 | **〜そうだ** ~라고 한다 | **それで** 그래서 |
至急 시급히 | **今朝** 오늘 아침 | **帰る** 돌아가다 | **びっくりする** 깜짝 놀라다 | **一晩中** 밤새도록 | **全然**
전혀 | **眠る** 잠들다 | **〜ようだ** ~인 것 같다 | **幸い** 다행히 | **飛行機** 비행기 | **チケット** 티켓 | **多分** 아마 |
ビジネス席 비즈니스석 | **ホテル** 호텔 | **会長** 회장 | **一人娘** 외동딸 | **将来** 장래 | **プライバシー** 프라이버시 |
授業 수업 | **始める** 시작하다

문법 표현 Expression

01 ～そうだ ～라고 한다 (전문, 전언)

① 동사 [る / て いる / た] + そうだ

彼女は 来年 日本に 帰るそうです。
내년　　　돌아가다

この 店では これが 一番 売れて いるそうです。
제일, 가장 売(う)れる 팔리다

ニュースに よると 高速道路で 事故が あったそうです。
뉴스　　～에 의하면　고속도로　　사고

② い형용사 [い / かった] + そうだ

うわさに よると あの 店は 安くて おいしいそうです。
소문

デートは 楽しく なかったそうです。
데이트

③ な형용사 [だ / だった] + そうだ

日本語が 得意だそうです。
자신이 있다

鈴木さんの 話に よると パーティーは とても 賑やかだったそうです。
이야기　　　　　파티　　　　賑(にぎ)やかだ 번화하다, 활기차다, 북적이다

④ 명사 [だ / だった] + そうだ

最近 世界的な トレンドは 美容だそうです。
최근, 요즘 세계적　트렌드　미용

彼は 有名な デザイナーだったそうです。
디자이너

02　〜ようだ　〜인 것 같다 (주관적 느낌에 기초한 추측)

① 동사 [る / て いる / た] + ようだ

こいびと
恋人が いるようです。
애인

だれ　き
誰か 来て いるようです。
누군가

むすこ　にゅうがくしけん　お
息子が 入学試験に 落ちたようです。
아들　　　입학시험　　　落(お)ちる 떨어지다

② い형용사 [い / かった] + ようだ

きょう　きのう　あたた
今日は 昨日より 暖かいようです。
　　　　　　　　따뜻하다

せいせき　よ
成績が 良かったようです。
성적

③ な형용사 [な / だった] + ようだ

かれ　にほんご　とくい
彼は 日本語が 得意なようです。
　　　　　　得意(とくい)だ (특기처럼)아주 잘하다

ふくざつ
いろいろと 複雑だったようです。
여러 가지　　複雑(ふくざつ)だ 복잡하다

④ 명사 [の / だった] + ようだ

くるま　うご　こしょう
車が 動きません。 故障のようです。
　　　動(うご)く 움직이다　고장

きび　せんせい
厳しい 先生だったようです。
엄하다, 엄격하다

10-02

문법 표현 Expression

03 　〜ような / 〜ように 〜같은/〜처럼

英語が 上手で まるで ネイティブのようです。
えいご　じょうず　　　　　　　　　　　　　　　
영어　　잘해서　　　　　　네이티브

まるで 夢のような 話ですね。
　　　ゆめ　　　　はなし
마치　꿈　　　　　이야기

まるで 子供のように 喜んで います。
　　　こども　　　　よろこ
　　　아이　　　　　喜(よろこ)ぶ 기뻐하다

※ 〜みたいだ / 〜みたいな / 〜みたいに 〜같다 / 〜같은 / 〜같이, 〜처럼

まるで 夢みたいです。
　　　ゆめ
마치　꿈

彼女は 太陽みたいな 存在です。
かのじょ　たいよう　　　そんざい
　　　　태양　　　　　존재

寂しくて 子供みたいに 泣きました。
さび　　　こども　　　な
寂(さび)しい 쓸쓸하다　　泣(な)く 울다

152

04 　～らしい　～인 것 같다 (객관적 근거나 소문, 소식통에 기초한 추측)

① 동사 [る / て いる / た] + らしい

先輩は 大学院に 進学するらしいです。
　　　　大学院　　　進学

彼は 結婚して いるらしいです。

先輩は 韓国の 企業に 就職したらしいです。
　　　　　　　기업

② い형용사 [い / かった] + らしい

外は 風が 強いらしいです。
박　　바람

引っ越しで とても 忙しかったらしいです。
　이사

③ な형용사 [어간 / だった] + らしい

アリョは ジュンス先輩の ことが 好きらしいです。

学生時代、かなり 有名だったらしいです。
학생시절　　꽤, 제법

④ 명사 [명사 / だった] + らしい

あれは 彼の 車らしいです。

彼女は 元アナウンサーだったらしいです。
원래　　　아나운서

A
보기

보기와 같이 연습해 봅시다.

🎧 10-03

しんぶん
新聞に よると 不景気が 続くそうです。
ふ けい き　つづ

しんぶん　ふ けい き　つづ
新聞・不景気が 続く

てん き よ ほう　あした　さむ
❶ 天気予報・明日から 寒く なる

せんせい　はなし　し けん　むずか
❷ 先生の 話・試験は 難しく ない

しんゆう　はなし　たの
❸ 親友の 話・パーティーは 楽しかった

かんけいしゃ　はなし　せいこうてき　お
❹ 関係者の 話・プレゼンは 成功的に 終わった

단어와
표현

しんぶん
新聞 신문 | ～に よると ~에 의하면 | 不景気 불경기 | 続く 계속되다 | 天気予報 일기예보 | 試験 시험 |
ふけい き　　　　　　　つづ　　　　　てん き よ ほう　　　　　　し けん
パーティー 파티 | 関係者 관계자 | プレゼン 프레젠테이션 | 成功的だ 성공적이다
かんけいしゃ　　　　　　　　　　　　せいこうてき

보기와 같이 연습해 봅시다.

B
보기

彼かれは 彼女かのじょが 好すきなようです。

彼かれは 彼女かのじょが 好すきだ

❶ 私わたしの 秘密ひみつを 知しっている

❷ この 頃ごろ、忙いそがしい

❸ 店員てんいんは 親切しんせつだ

❹ あの 指輪ゆびわは ペアリングだ

단어와
표현

秘密ひみつ 비밀 | 知しる 알다 | この 頃ごろ 요즘, 최근 | 店員てんいん 점원 | 指輪ゆびわ 반지 | ペアリング 커플링

C
보기

보기와 같이 연습해 봅시다.

🎧 10-05

まるで 夢のような 話ですね。

夢・話

❶ お城・家

❷ 人形・赤ちゃん

❸ おもちゃ・カメラ

❹ 天使・先生

단어와
표현
お城 대궐 | **人形** 인형 | **赤ちゃん** 아기 | **雪** 눈 | **肌** 피부 | **モデル** 모델 | **おもちゃ** 장난감 | **天使** 천사

D 보기

보기와 같이 연습해 봅시다.　🎧 10-06

あの レストランは おいしく ないらしいですよ。

あの レストラン・おいしく ない

❶ <ruby>先輩<rt>せんぱい</rt></ruby>・<ruby>恋人<rt>こいびと</rt></ruby>を <ruby>待<rt>ま</rt></ruby>って いる

❷ <ruby>橋本<rt>はしもと</rt></ruby>さん・<ruby>試験<rt>しけん</rt></ruby>に <ruby>合格<rt>ごうかく</rt></ruby>した

❸ あの <ruby>映画<rt>えいが</rt></ruby>・<ruby>面白<rt>おもしろ</rt></ruby>く ない

❹ あの ビル・<ruby>芸能人<rt>げいのうじん</rt></ruby>Kさんの <ruby>建物<rt>たてもの</rt></ruby>だ

단어와 표현

<ruby>先輩<rt>せんぱい</rt></ruby> 선배 ┃ <ruby>恋人<rt>こいびと</rt></ruby> 애인 ┃ <ruby>待<rt>ま</rt></ruby>つ 기다리다 ┃ <ruby>合格<rt>ごうかく</rt></ruby>する 합격하다 ┃ <ruby>芸能人<rt>げいのうじん</rt></ruby> 연예인 ┃ <ruby>建物<rt>たてもの</rt></ruby> 건물

01 다음 한자를 히라가나로 써 보세요.

보기

先生 ⇨ | せ | ん | せ | い |

❶ 会長　| | | | | |

❷ 一晩中　| | | | | | | |

❸ 飛行機　| | | | |

❹ 将来　| | | |

❺ 至急　| | | |

02 다음 대화를 잘 듣고, 질문에 답해 보세요.　🎧 10-07

❶ 아려가 기운이 없는 이유가 아닌 것은 무엇입니까?

　① 부모님　　② 성적　　③ 진로　　④ 선배

❷ 아려는 언제까지 귀국 여부를 정해야 합니까?

　① 내년 1월　　② 내년 2월　　③ 내년 3월　　④ 내년 4월

❸ 준수 선배는 아려의 마음을 알고 있나요?

　① 모를 수 있음　　　　② 모르는 것이 분명함
　③ 아는지 모르는지 알 수 없음　　④ 잘 알고 있음

작문 Writing

01 다음 문장을 일본어로 써 보세요.

❶ 오늘은 수업이 없다고 합니다.

----

❷ 여러 가지로 걱정인 것 같습니다. (느낌상으로)

----

❸ 마치 꿈같은 이야기네요.

----

❹ 그는 대학원에 진학하지 않을 것 같습니다. (소문 등에 기초한 추측)

----

❺ 그녀는 결혼하고 싶지 않은 것 같습니다. (소문 등에 기초한 추측)

어휘 늘리기 Vocabulary

어떤 것 같은지?

그림을 보면서 다음과 같이 이야기해 보세요.

🎧 09-08

보기

かれ かのじょ こいびと
彼(彼女)は 恋人のようです。

① はんにん
犯人 범인

② けいさつ
警察 경찰

③ ふうふ
夫婦 부부

④ まいご
迷子 미아

⑤ ジェットコースターは こわ
怖い 롤러코스터는 무섭다

⑥ アトラクションは きけん
危険だ 어트랙션은 위험하다

⑦ なか いた
お腹が 痛い 배가 아프다

⑧ とても あつ
暑い 매우 덥다

⑨ キャラクターと しゃしん と
写真を 撮る 캐릭터와 사진을 찍다

⑩ ゆうき
勇気が ある 용기가 있다

⑪ こいびと
恋人と ケンカした 애인과 싸웠다

⑫ みち まよ
道に 迷った 길을 잃었다

레벨업 테스트 Level Up Test

01 다음 한자를 읽고 그 뜻을 써 보세요.

보기

先輩 ⇨ せんぱい 선배

① 今朝　　----------------------　----------------------

② 全然　　----------------------　----------------------

③ 一人娘　----------------------　----------------------

④ 倒れる　----------------------　----------------------

⑤ 始める　----------------------　----------------------

02 밑줄 친 부분에 해당하는 어휘, 표현을 쓰세요.

① 今日の 授業に 欠席した<u>라고 합니다</u>.

----

② 日本語が 上手で まるで 日本人の<u>같습니다</u>.

----

③ まるで 人形の<u>처럼</u> かわいい 赤ちゃんですね。

----

④ ナターシャの 話に よると アリョは 今朝 中国に 帰った<u>것 같습니다</u>.

----

03 다음 문장을 일본어로 써 보세요.

① 일찍 집에 돌아갔다고 합니다.

----

② 아르바이트로 항상 바쁜 것 같습니다. (주관적 추측)

----

③ 한국의 회사에 취직한 것 같습니다. (소문 등에 기초한 추측)

夢が 叶われたんですね。
ゆめ　かな

꿈이 이루어진 거군요.

학습 목표

수동형과 사역형, 사역의 수동형 익히기

핵심 문장

じつりょく　みと
実力を 認められました。

실력을 인정받았습니다.

せんせい　がくせい　かんじ　か
先生は 学生に 漢字を 書かせました。

선생님은 학생에게 한자를 쓰게 했습니다.

じ こ しょうかい
自己紹介させられました。

자기소개를 해야 했습니다.

얘기 들었니?

준수 선배 여러 기업으로부터 내정받았대.

내정요? 내정이 뭐예요?

내정?

최종 면접에 합격해서 회사에 채용되었다는 거지.

우수한 선배의 실력이 인정받은 것이네요.

입사가 결정된 회사로부터는 대학원 전과정을 지원받게 되나봐

굉장하네요!! 선배, 일도 공부도 포기하고 싶지 않다고 말했었는데···. 꿈이 이루어진 거네요.

나카무라 선생님께서 유학생회 선배로서의 감상과 앞으로의 계획을 발표시키신대.

선배는 요즘 주위 사람들한테 한턱내느라 정신없나 봐.

역시 우리들의 롤모델 준수 선배 멋져요!!

회화 Dialogue

マイン　聞いた？ ジュンス先輩、複数の企業から内定を受けたって。

アリョ　内定？ 内定って何ですか。

マイン　最終面接に合格して会社に採用されたってこと。

ナターシャ　優秀な先輩の実力が認められたんですね。

マイン　入社が決まった会社からは大学院全課程をサポートされるらしいよ。

アリョ　すごい！ 先輩、仕事も勉強も諦めたくないと言ってたのに…。

　　　　夢が叶われたんですね。

マイン　中村先生が留学生会で先輩に感想と今後の計画を発表させるって…。

　　　　先輩、この頃周りの人々におごらせられて、大変みたいだよ。

アリョ、　さすが私たちのロールモデル ジュンス先輩! すてき!!
ナターシャ

단어와
표현

聞く 듣다 | 複数 복수 | 企業 기업 | 内定 내정 | 受ける 받다 | 最終 최종 | 面接 면접 | 合格 합격 | 採用 채용 | 優秀な 우수한 | 実力 실력 | 認める 인정하다 | 入社 입사 | 決まる 결정되다 | 大学院 대학원 | 全課程 전과정 | サポート 지원 | 仕事 일 | 勉強 공부 | 諦める 포기하다 | 言う 말하다 | 夢 꿈 | 叶う 이루다 | 感想 감상 | 今後 앞으로, 금후 | 計画 계획 | 発表 발표 | この頃 요즘 | 周り 주위 | 人々 사람들 | おごる 한턱 내다 | 大変だ 큰일이다, 힘들다 | ロールモデル 롤모델 | すてきだ 멋지다

문법 표현 Expression

01 수동형

① 1그룹 동사의 수동형

う단 ⇒ あ단 + れる	
기본형	수동형
使^{つか}う 사용하다	使^{つか}われる
行^いく 가다	行^いかれる
壊^{こわ}す 깨뜨리다	壊^{こわ}される
打^うつ 때리다	打^うたれる
死^しぬ 죽다	死^しなれる
呼^よぶ 부르다	呼^よばれる
飲^のむ 마시다	飲^のまれる
取^とる 집다, 들다	取^とられる

② 2그룹 동사의 수동형

る ⇒ られる	
기본형	수동형
見^みる 보다	見^みられる
建^たてる 세우다	建^たてられる
褒^ほめる 칭찬하다	褒^ほめられる

③ 3그룹 동사의 수동형

기본형	수동형
来^くる 오다 する 하다	来^こられる される

02 일반 수동

① (사물, 사건이) ~어지다

この 町は 韓国の 中の 外国と 言われて います。
마을　　　~의 중에서　외국

これは エコ素材で 作られた 製品です。
친환경소재　　　　제품

多くの サンプルから この デザインが 選ばれました。
많은　　샘플　　　　　디자인　　選(えら)ぶ 선택하다

契約が 締結されました。
계약　　체결

② (사람이) ~받다, ~히다, ~리다, (사람에게 ~함을)당하다

先生に 名前を 呼ばれました。
이름　　呼(よ)ぶ 부르다

信じて いた 親友に 裏切られました。
信(しん)じる 믿다　친구　裏切(うらぎ)る 배신하다

彼女は 周りの 人々に 信頼されて います。
주위　사람들　신뢰

両親に 結婚を 反対されました。
反対(はんたい)する 반대하다

문법 표현 Expression

03 피해 수동

間違い 電話に 起こされて、ぐっすり 眠れませんでした。
잘못 온 전화　　　起(お)こす 깨우다　푹(깊이 잠을 자는 모양)　眠(ねむ)れる 잠들다

一晩中 赤ちゃんに 泣かれて、とても 疲れて います。
하룻밤, 밤새　　아기　　　泣(な)く 울다

雨に 降られて 風邪を 引いて しまいました。
비　　降(ふ)る 내리다　風邪(かぜ)を 引(ひ)く 감기에 걸리다

急に 友だちに 来られて、試験勉強が できませんでした。
급하게, 갑자기

04 사역형 (남이) ~하게 하다

① 1그룹 동사의 사역형

う단 ⇒ あ단 + せる	
기본형	사역형
使う 사용하다	使わせる
行く 가다	行かせる
壊す 깨뜨리다	壊させる
立つ 일어서다	立たせる
死ぬ 죽다	死なせる
呼ぶ 부르다	呼ばせる
飲む 마시다	飲ませる
取る 집다, 들다	取らせる

② 2그룹 동사의 사역형

る ⇒ させる	
기본형	사역형
見^みる 보다	見^みさせる
建^たてる 세우다	建^たてさせる
褒^ほめる 칭찬하다	褒^ほめさせる

③ 3그룹 동사의 사역형

기본형	사역형
来^くる 오다 する 하다	来^こさせる させる

先生^{せんせい}は 学生^{がくせい}に 漢字^{かんじ}を 書^かかせます。
한자

無理^{むり}やり お酒^{さけ}を 飲^のませるのは 止^やめて ください。
무리하게　　술

上司^{じょうし}は 部下^{ぶか}に コーヒーを 入^いれさせました。
상사　　부하

新入生^{しんにゅうせい}に 自己紹介^{じこしょうかい}させました。
自己紹介(じこしょうかい)する 자기소개하다

문법 표현 Expression

05 　사역 수동형 (남이 시켜서 억지로) ~하게 되다, 마지못해 ~하다

① 1그룹 동사의 사역 수동형

う단 ⇒ あ단 + せられる	
기본형	사역 수동형
行^いく 가다	行^いかせられる
立^たつ 일어서다	立^たたせられる
飲^のむ 마시다	飲^のませられる

② 2그룹 동사의 사역 수동형

る ⇒ させられる	
기본형	사역 수동형
見^みる 보다	見^みさせられる

③ 3그룹 동사의 사역 수동형

기본형	사역 수동형
来^くる 오다	来^こさせられる
する 하다	させられる

てんいん　たか　しょうひん　か
店員に 高い 商品を 買わせられました。
　점원　　　　　상품

とも　　　じかん　ま
友だちに 2時間も 待たせられました。
　　　　　　　　　待(ま)つ 기다리다

ぶちょう　でんわ
部長に 電話を かけさせられました。
부장님　電話(でんわ)を かける 전화를 걸다

じょうし　しりょう　けんさく
上司に 資料を 検索させられました。
　　　자료　　　検索(けんさく)する 검색하다

A 보기

보기와 같이 연습해 봅시다.

🎧 11-03

この ビルは 20年 前に 建てられました。

この ビルは 20年 前に・建った

❶ 明日から 展示会が・開く

❷ この 新聞は 日本で 一番 多く・読んで いる

❸ サイコロが・投げた

❹ この 製品は ハンドメイドで・製作した

단어와 표현

ビル 빌딩 | 建つ 세워지다 | 明日 내일 | 展示会 전시회 | 開く 열리다 | 一番 제일 | 多く 많이 | サイコロ 주사위 | 投げる 던지다 | 製品 제품 | ハンドメイド 핸드메이드 | 製作する 제작하다

패턴 연습 Exercise

 B 보기

보기와 같이 연습해 봅시다.

🎧 11-04

A : どうしたんですか。

B : 犬に 手を かまれたんです。
　　いぬ　て

犬・手を かむ
いぬ　て

❶ 父・叱る
　ちち しか

❷ 母・小言を 言う
　はは こごと い

❸ 友だち・いじめる
　とも

❹ すり・財布を する
　　　さいふ

❺ 隣の 人・足を 踏む
　となり ひと あし ふ

❻ 上司・怒る
　じょうし おこ

단어와 표현

手を かむ 손을 물다 | 叱る 혼나다 | 小言を 言う 잔소리를 하다 | いじめる 괴롭히다, 따돌리다 | すり
소매치기 | 財布を する 지갑을 훔치다 | 隣の 人 옆 사람 | 足を 踏む 발을 밟다 | 上司 상사 | 怒る 화내다, 꾸짖다

C 보기

보기와 같이 연습해 봅시다.

🎧 11-05

Ａ：どうしたんですか。

Ｂ：恋人に 誤解されて 困って います。

恋人・誤解する・困って いる

❶ みんなの 前で 友だちに 笑う・恥かしかった

❷ 上司・同僚と 比較する・気分が 悪い

❸ 彼女・泣く・困って いる

❹ ペット・死ぬ・悲しんで いる

단어와
표현

恋人 애인 | 誤解する 오해하다 | 困る 곤란하다 | みんなの 前 모두의 앞 | 笑う 웃다 | 恥かしい 창피하다 |
同僚 동료 | 比較する 비교하다 | 気分が 悪い 기분이 나쁘다

D 보기

보기와 같이 연습해 봅시다. 🎧 11-06

<u>先生</u>は <u>学生</u>に <u>教科書</u>を <u>読ませます</u>。
せんせい　がくせい　きょう か しょ　よ

先生・学生・教科書を 読む
せんせい　がくせい　きょう か しょ　よ

❶ お母さん・子供・薬を 飲む
かあ　　こ ども　くすり　の

❷ 医者・患者・お酒を 止める
い しゃ　かんじゃ　さけ　や

❸ 先生・学生・質問に 答える
せんせい　がくせい　しつもん　こた

❹ 上司・部下・顧客に 電話する
じょう し　ぶ か　こ きゃく　でん わ

단어와 표현

医者 의사 | **患者** 환자 | **顧客** 고객
い しゃ　　　かんじゃ　　　こ きゃく

E 보기와 같이 연습해 봅시다.

🎧 11-07

보기

<u>田中さんは 医者に タバコを 止めさせられました。</u>

医者は 田中さんに タバコを 止めさせる

❶ お母さんは 子供に 部屋の 掃除を させる

❷ 彼女は 彼氏に ハンドバッグを 持たせる

❸ 上司は 部下に 残業させる

❹ 先輩は 後輩に お酒を 飲ませる

단어와 표현

掃除 청소 | 残業する 잔업(야근)하다

베이직 테스트 Basic Test

01 다음 한자를 히라가나로 써 보세요.

보기

先生 ⇒ | せ | ん | せ | い |

1 複数 | | | |

2 企業 | | | |

3 最終 | | | | |

4 発表 | | |

5 入社 | | | | |

02 다음 대화를 잘 듣고, 질문에 답해 보세요.   🎧 11-08

1 나타샤의 새로운 아르바이트 업무는 무엇입니까?

　① 번역　　② 청소　　③ 통역　　④ 자료 수집

2 나타샤의 새로운 아르바이트 좋은 점은 무엇입니까?

　① 시급이 높다　② 일이 재미있다　③ 분위기가 좋다　④ 공부에 도움된다

3 나타샤의 아르바이트는 언제까지입니까?

　① 다음 주 초　② 다음 주 말　③ 다음 달 초　④ 다음 달 말

01 다음 문장을 일본어로 써 보세요.

❶ 최종면접에 합격했습니다.

----

❷ 그는 주위 사람들로부터 신뢰받고 있습니다.

----

❸ 꿈이 이루어졌습니다.

----

❹ 선생님은 학생에게 일본어로 말하게 했습니다.

----

❺ 학생은 선생님이 시켜서(때문에) 일본어로 말해야 했습니다.

어휘 늘리기 Vocabulary

어떤 일이 있었나요?

보기

그림을 보면서 다음과 같이 이야기해 보세요. 🎧 11-09

A : どうしたんですか。

B : すりに すられて、困って いるの。

突然 先輩に 来られる
갑자기 선배가 찾아오다

先生に 呼び出される
선생님께서 호출하시다

激しい 雨に 降られる
폭우를 맞다

どろぼうに 入られる
도둑이 들어오다

ストーカーに 追いかけられる
스토커가 쫓아오다

父に 叱かられる
아버지께 야단맞다

<ruby>弟<rt>おとうと</rt></ruby> に スマホを <ruby>取<rt>と</rt></ruby>られる

남동생이 핸드폰을 가지고 가다

<ruby>友達<rt>ともだち</rt></ruby>に <ruby>宿題<rt>しゅくだい</rt></ruby>を <ruby>頼<rt>たの</rt></ruby>まれる

친구가 숙제를 부탁하다

<ruby>先輩<rt>せんぱい</rt></ruby>に <ruby>成績<rt>せいせき</rt></ruby>を <ruby>見<rt>み</rt></ruby>られる

선배가 성적을 보다

<ruby>飲<rt>の</rt></ruby>めない <ruby>お酒<rt>さけ</rt></ruby>を <ruby>飲<rt>の</rt></ruby>ませられる

마시지 못하는 술을 마시다

ダイエットさせられる

다이어트하다

<ruby>深夜<rt>しんや</rt></ruby>まで <ruby>勉強<rt>べんきょう</rt></ruby>させられる

밤늦게까지 공부하다

<ruby>毎日<rt>まいにち</rt></ruby> <ruby>部屋<rt>へや</rt></ruby>の <ruby>掃除<rt>そうじ</rt></ruby>を させられる

매일 방 청소하다

<ruby>英語<rt>えいご</rt></ruby>だけで <ruby>話<rt>はな</rt></ruby>させられる

영어로만 이야기하다

<ruby>人<rt>ひと</rt></ruby>の <ruby>前<rt>まえ</rt></ruby>で <ruby>歌<rt>うた</rt></ruby>を <ruby>歌<rt>うた</rt></ruby>わせられる

사람들 앞에서 노래하다

<ruby>毎朝<rt>まいあさ</rt></ruby> <ruby>走<rt>はし</rt></ruby>らせられる

매일 아침 뛰다

<ruby>通訳<rt>つうやく</rt></ruby>を <ruby>任<rt>まか</rt></ruby>せられる

통역을 맡게 되다

<ruby>急<rt>きゅう</rt></ruby>に <ruby>発表<rt>はっぴょう</rt></ruby>させられる

갑자기 발표하게 되다

레벨업 테스트 Level Up Test

01 다음 한자를 읽고 그 뜻을 써 보세요.

보기

先輩 ⇨ せんぱい 선배

① 面接 ------

② 優秀 ------

③ 感想 ------

④ 採用 ------

⑤ 実力 ------

02 밑줄 친 부분에 해당하는 어휘, 표현을 쓰세요.

① 結果は 明日 発表됩니다.
けっか　　あした　はっぴょう

② 先生に 名前を 불리었습니다.
せんせい　なまえ

③ 急に 友達に 와서(오는 바람에) 勉強できませんでした。
きゅう　ともだち　　　　　　　　　　　べんきょう

④ 先生は 学生に 勉強を 하게 합니다(시킵니다).
せんせい　がくせい　べんきょう

⑤ 彼女は 先輩に 注意해야 했습니다(선배가 주의시켜서).
かのじょ　せんぱい　ちゅうい

03 다음 문장을 일본어로 써 보세요.

① 좋은 회사에 채용되었습니다.

② 선생님은 학생에게 숙제를 시켰습니다.

③ 학생은 선생님이 시켜서 발표를 해야 했습니다.

동사의 활용 표현

① 동사의 활용

종류	1그룹 동사		2그룹 동사		3그룹 동사	
기본형	会う 만나다	行く 가다	見る 보다	食べる 먹다	来る 오다	する 하다
ます형 ~합니다	会います 만납니다	行きます 갑니다	見ます 봅니다	食べます 먹습니다	来ます 옵니다	します 합니다
て형 ~하고, ~해서	会って 만나고, 만나서	行って 가고, 가서	見て 보고, 봐서	食べて 먹고, 먹어서	来て 오고, 와서	して 하고, 해서
た형 ~했다	会った 만났다	行った 갔다	見た 봤다	食べた 먹었다	来た 왔다	した 했다
ない형 ~하지 않다	会わない 만나지 않다	行かない 가지 않다	見ない 보지 않다	食べない 먹지 않다	来ない 오지 않다	しない 하지 않다

② ます형 활용 표현

종류	1그룹 동사	2그룹 동사	3그룹 동사	
기본형	会う 만나다	食べる 먹다	来る 오다	する 하다
~ませんか ~하지 않겠습니까?	会いませんか 만나지 않겠습니까?	食べませんか 먹지 않겠습니까?	来ませんか 오지 않겠습니까?	しませんか 하지 않겠습니까?
~ましょうか ~할까요?	会いましょうか 만날까요?	食べましょうか 먹을까요?	来ましょうか 올까요?	しましょうか 할까요?
~ましょう ~합시다	会いましょう 만납시다	食べましょう 먹읍시다	来ましょう 옵시다	しましょう 합시다
~に ~하러	会いに 만나러	食べに 먹으러	来に 오러	しに 하러
~たい ~하고 싶다	会いたい 만나고 싶다	食べたい 먹고 싶다	来たい 오고 싶다	したい 하고 싶다
~たく ない ~하고 싶지 않다	会いたく ない 만나고 싶지 않다	食べたく ない 먹고 싶지 않다	来たく ない 오고 싶지 않다	したく ない 하고 싶지 않다
~ながら ~하면서	会いながら 만나면서	食べながら 먹으면서	来ながら 오면서	しながら 하면서

③ て형 활용 표현

종류	1그룹 동사	2그룹 동사	3그룹 동사	
기본형	会う 만나다	見る 보다	来る 오다	する 하다
～て ください ～해 주세요	会って ください 만나 주세요	見て ください 봐 주세요	来て ください 와 주세요	して ください 해 주세요
～てから ～하고 나서	会ってから 만나고 나서	見てから 보고 나서	来てから 오고 나서	してから 하고 나서
～て いる ～하고 있다	会って いる 만나고 있다	見て いる 보고 있다	来て いる 오고 있다	して いる 하고 있다
～て みる ～해 보다	会って みる 만나 보다	見て みる 봐 보다	来て みる 와 보다	して みる 해 보다
～ても いい ～해도 좋다	会っても いい 만나도 좋다	見ても いい 봐도 좋다	来ても いい 와도 좋다	しても いい 해도 좋다
～ても かまわない ～해도 상관 없다	会っても かまわない 만나도 상관 없다	見ても かまわない 봐도 상관 없다	来ても かまわない 와도 상관 없다	しても かまわない 해도 상관 없다
～ては いけない ～하면 안 된다	会っては いけない 만나면 안 된다	見ては いけない 보면 안 된다	来ては いけない 오면 안 된다	しては いけない 하면 안 된다
～ては だめだ ～하면 안 된다	会っては だめだ 만나면 안 된다	見ては だめだ 보면 안 된다	来ては だめだ 오면 안 된다	しては だめだ 하면 안 된다

④ た형 활용 표현

종류	1그룹 동사	2그룹 동사	3그룹 동사	
기본형	行く 가다	食べる 먹다	来る 오다	する 하다
～た ことが ある ～한 적이 있다	行った ことが ある 간 적이 있다	食べた ことが ある 먹은 적이 있다	来た ことが ある 온 적이 있다	した ことが ある 한 적이 있다
～たり ～하거나	行ったり 가거나	食べたり 먹거나	来たり 오거나	したり 하거나

~たら ~하면	行ったら 간다면	食べたら 먹으면	来たら 오면	したら 하면
~た 方が いい ~하는 것(편)이 좋다	行った 方が いい 가는 것(편)이 좋다	食べた 方が いい 먹는 것(편)이 좋다	来た 方が いい 오는 것(편)이 좋다	した 方が いい 하는 것(편)이 좋다

⑤ ない형 활용 표현

종류	1그룹 동사	2그룹 동사	3그룹 동사	
기본형	行く 가다	食べる 먹다	来る 오다	する 하다
~ないで ください ~하지 말아 주세요	行かないで ください 가지 말아 주세요	食べないで ください 먹지 말아 주세요	来ないで ください 오지 말아 주세요	しないで ください 하지 말아 주세요
~ない 方が いい ~하지 않는 것(편)이 좋다	行かない 方が いい 가지 않는 것(편)이 좋다	食べない 方が いい 먹지 않는 것(편)이 좋다	来ない 方が いい 오지 않는 것(편)이 좋다	しない 方が いい 하지 않는 것(편)이 좋다
~なくても いい ~하지 않아도 좋다	行かなくても いい 가지 않아도 좋다	食べなくても いい 먹지 않아도 좋다	来なくても いい 오지 않아도 좋다	しなくても いい 하지 않아도 좋다
~なければ ならない ~하지 않으면 안 된다	行かなければ ならない 가지 않으면 안 된다	食べなければ ならない 먹지 않으면 안 된다	来なければ ならない 오지 않으면 안 된다	しなければ ならない 하지 않으면 안 된다
~ない つもりだ ~하지 않을 생각이다	行かない つもりだ 가지 않을 생각이다	食べない つもりだ 먹지 않을 생각이다	来ない つもりだ 오지 않을 생각이다	しない つもりだ 하지 않을 생각이다
~ないで ~하지 않고	行かないで 가지 않고	食べないで 먹지 않고	来ないで 오지 않고	しないで 하지 않고

동양북스 채널에서 더 많은 도서
더 많은 이야기를 만나보세요!

 ▶ 유튜브

 ⊙ 인스타그램

 blog 블로그

 포스트

 f 페이스북

 카카오뷰

외국어 출판 45년의 신뢰
외국어 전문 출판 그룹
동양북스가 만드는 책은 다릅니다.

45년의 쉼 없는 노력과 도전으로 책 만들기에 최선을 다해온
동양북스는 오늘도 미래의 가치에 투자하고 있습니다.
대한민국의 내일을 생각하는 도전 정신과 믿음으로 최선을 다하겠습니다.

동양북스